犁与**剑** 国防经济系列学术专著

U0618435

装备生产企业
信用体系

ZHUANGBEI SHENGCHAN QIYE

降低装备交易成本，提高生产企业信用水平

XINYONG TIXI

吴伟韬 ◎ 著

金盾出版社
JINDUN PUBLISHING HOUSE

内 容 提 要

　　为提高装备生产企业信用水平，加快推进军民协同发展，本书提出构建装备生产企业信用体系，并分别对装备生产企业的信用信息平台、信用评级体系、体系运行动力机制、信用促成维护机制、信用风险管理机制五个部分进行了详细的论述。全书分为三部分：第一部分从装备生产企业信用体系的相关概念、基本理论、基本要素及建立装备生产企业信用体系的 SWOT 分析四个方面介绍了装备生产企业信用体系的相关内容；第二部分从装备生产企业的信用基本情况、失信行为主要表现的角度对其信用现状进行了陈述，并运用博弈论对其失信行为的原因进行了分析；第三部分针对装备生产企业的信用现状，提出了装备生产企业信用体系的基本内容，即"一个平台、一套体系、三大机制"。

图书在版编目（CIP）数据

装备生产企业信用体系 / 吴伟韬著 . —— 北京：金盾出版社 , 2024.9
（犁与剑国防经济系列学术专著）
ISBN 978-7-5186-0695-5

Ⅰ.①装…　Ⅱ.①吴…　Ⅲ.①制造工业—企业信用—体系建设—研究—中国　Ⅳ.① F426.4

中国国家版本馆 CIP 数据核字 (2023) 第 228816 号

装备生产企业信用体系

（犁与剑国防经济系列学术专著）

吴伟韬　著

出版发行：金盾出版社		**开　本**：710mm × 1000mm　1/16	
地　　址：北京市丰台区晓月中路 29 号		**印　张**：12.75	
邮政编码：100165		**字　数**：153 千字	
电　　话：（010）68214039		**版　次**：2024 年 9 月第 1 版	
（010）68276683		**印　次**：2024 年 9 月第 1 次印刷	
印刷装订：北京凌奇印刷有限责任公司		**印　数**：1 ~ 1500 册	
经　　销：新华书店		**定　价**：78.00 元	

总　　序

　　国防经济研究源远流长。战争，不仅是敌对双方在战场上进行的军事对抗，同时，也是在经济、政治、文化、外交等各方面的全面较量。国防、战争与经济俨然呈现为一个复杂巨系统，共生演化，交织涌现。国防经济学作为军事科学和经济科学的交叉学科，是研究战争和国防建设资源配置效益的知识体系。现代以来，从国外《战争的政治经济学》《战时经济学》《总体战争论》《核时代的国防经济学》，再到我国《论持久战》《抗日时期的经济问题和财政问题》《论十大关系》，众多经典论著共同筑成了人类国防经济知识星空的璀璨星系。在战争和防务活动实践的牵引下，世界大国皆把国防经济学作为一门严肃的学科进行研究。

　　新中国国防经济学科建设发轫于战略科学帅才的前瞻擘画。1985 年召开的第一次国防经济学讨论会正式拉开了新中国国防经济学科建设发展的序幕。著名战略科学家钱学森在会上提议，针对我国缺少研究国防经济学、搞国防经济、搞国防科技工业的管理人才的实际，有必要建立一门把马克思主义的基本原理同中国实际相结合的国防经济学，同时还提议在国防科学技术大学等高校成立国防经济学专业。在这一战略设计下，我国国防经济学一度得到较快发展，包括国防大学、国防科技大学、原军事经济学院以及中央财经大学在内的机构或高校，在应用经济学领域建设国防经济重点学科，在基础理论、政策制度、重大现实问题研究以及研究生培养等方面都取得了丰硕成绩。

新时代国防经济蓬勃发展。在习近平新时代中国特色社会主义思想和习近平强军思想的英明指导下，国防经济发展呈现出全新态势，为贯彻总体国家安全观、建设世界一流军队提供了重要支撑，也对国防经济基础理论建设提出了新要求。一是紧盯新变局。世界大变局加速演进，中美战略博弈相持，新一轮科技革命和军事革命日新月异，战争制胜观念、制胜要素、制胜方式都在发生重大变化，国防经济研究务必紧盯科技之变、战争之变、对手之变，把智能化时代国防建设和战争经济的特点规律作为核心议题。二是拥抱新范式。主动适应"理技融合"客观实在需求，积极拥抱概念开发、场景驱动、组合演进、群智涌现、复杂性科学等全新科研理念，把科学原理、技术发展、军事理论等融合创新，实现范式转变。三是应用新工具。积极推开知识图谱、机器学习、因果推断、计量分析、仿真模拟、试验验证等数据密集型先进科研工具，用好开源创新平台、挑战赛等分布式、众创式、泛在式协同创新新模式，实现高质量发展。

"青年者，国家之魂。"《犁与剑国防经济系列学术专著》以一批青年学者博士学位论文为基础，经过多轮次迭代打磨提炼升华，终于得以出版。每一本著作都是新一代青年国防经济学者顺应时代之变、范式之变、工具之变的有益探索；是新一代青年国防经济学者"指点江山，激扬文字"的奋进之力、活力之源的淋漓展现；也是新一代青年国防经济学者面向未来、回答时代之问的内心最强音。我们相信，随着这批青年学者在本领域研究的继续深入，随着更多青年学者加盟到本领域接续努力奋斗，国防经济学学科与学术必将再次繁荣，国防经济学也必将会在强国强军推进民族复兴伟业中发挥更大的作用。

卢周来

2024 年 3 月于北京

前　言

　　装备生产企业作为中国社会主义市场经济的重要组成部分，不仅具有一般企业所具有的共性，即追求营业利润最大化的目标，而且还具有装备生产这一特殊行业的特性。因此为了提升装备生产企业的信用水平，保证国防资源的高效利用，就必须在借鉴社会信用体系建立和运行成熟的经验基础上，研究专门针对装备生产企业信用管理的信用体系。

　　基于上述考虑，本书提出构建装备生产企业信用体系，为提高装备生产企业信用水平，加快推进军民深度协同发展提供理论参考。全文共分九个部分。

　　第一章绪论。主要说明了选题背景与研究意义，阐明了研究基本框架和思路、主要研究方法，最后提出了本研究的主要创新点。

　　第二章对装备生产企业信用体系开展理论分析。辨析了装备生产企业、信用体系、信用评级、装备生产企业信用体系四个概念，论述了装备生产企业的理论基础、基本要素，并在此基础上，对建立装备生产企业信用体系展开了 SWOT 分析①。

　　第三章分析装备生产企业的信用现状。概括叙述了装备生产企业信用的基本情况，归纳了企业失信行为的主要表现，对其失信行为展开了博弈分析得出企业失信的原因。

---

　　①　SWOT 分析，即基于内外部竞争环境和竞争条件下的态势分析。

第四章说明装备生产企业信用体系的基本内容。提出了"一个平台、一套体系、三大机制"的信用体系基本内容，并简要描述了各部分的基本情况。

第五章介绍了装备生产企业信用信息平台。分析了建立信用信息平台的需求，详细叙述了信用信息平台的六个运行环节，说明了平台设计的三项功能，并明确了信用信息平台的机构设置。

第六章设计了装备生产企业信用评级体系。整个评级体系的设计过程按照选取指标、设计权重和明确评级规则的顺序展开，在完成体系设计后以某装备生产企业为例，展示了信用评级的具体实施方法。

第七章分析了装备生产企业信用体系运行动力机制。叙述了体系运行动力机制的功能，指出了动力机制由牵引力、推动力、约束力三个要素构成，并详细说明了上述三个要素的工作原理。

第八章对装备生产企业信用促成维护机制进行了研究。说明了信用促成维护机制由失信惩戒机制和守信激励机制构成，分析了两者的联系和差异，并对上述两个机制提出了具体的建设方案。

第九章明确了装备生产企业信用风险管理机制。首先，明确了信用风险管理机制的构成框架。在此基础上，分别从风险识别、风险分析、风险应对上对信用风险管理机制进行设计。

目　　录

第一章 绪 论

第一节 选题背景与研究意义

一、选题背景

1. 社会信用体系建设为规范装备交易活动提供新思路

2014 年 6 月，在国家发改委和中国人民银行的牵头下，由国家信用体系建设联席会议各成员单位编制完成的《社会信用体系建设规划纲要（2014—2020）》（下文简称《纲要》）已上报国务院并批准。《纲要》提出，我国将按照"一套组织体系、两个顶层设计、三大关键举措、四大重点领域、五大推进载体"的规划全面展开社会信用体系建设。截至 2019 年我国已建立起了一个统一的平台，该平台集金融、工商登记、税收缴纳、交通违章等信用系统为一体，由此打通了各平台的信用信息交流渠道，基本上实现了全社会信息资源的共享。我国社会信用体系下一阶段的工作主要聚焦在建立统一的社会信用代码制度上，该代码综合利用现有的公民身份证号码和组织机构代码，充分挖掘两者的信用身份。

社会信用体系在建设过程中有效地提高了全社会的诚信意识和信用水平，规范了我国社会主义市场经济秩序与企业生产经营活动。装备交易是我国国防投资的主要形式之一，是提升我国国防实力的重要渠道，关乎着我国国防投资的效益。因此，规范装备交易活动是贯穿我国国防和军队建设的重大课题，军地专家都针对该课题展开过相关研究，但是研究成果在实际应用过程中都出现了一定的问题。社会信用体系建设从信用入手，能够规范市场中的交易活动。装备交易也是一种市场交易活动，它具有所有市场交易活动的共性，因此社会信用体系建设的成功经验可以为规范装备交易活动提供新思路。

2. 信用评级机制逐渐引入军民协同领域

美国前财政部长劳伦斯·萨默斯（Lawrence Summers）曾指出："金融危机之于信用评级机构，好比安然事件之于会计师事务所。"在金融危机爆发之前，信用评级机构的评级机制虽然已经对经济市场的运行发挥了巨大的作用，但是在金融危机爆发之后，人们才真正地把关注的焦点放在了信用评级工作的开展上。在此之后，各国积极吸取金融危机中的教训，对本国的信用评级领域进行改革，以重新树立其公正、客观、独立、评级准确的形象。我国也相应地更加关注对于信用评级机制的研究和实践，并在各个领域开展了相关工作。

在上述潮流的影响之下，为了保证军民协同领域市场运行的安全、稳定，降低交易信息成本，进一步深化军民协同战略的开展，2016 年，国防科工局发展计划司委托中国和平利用军工技术协会开展了装备生产单位信用评价试点工作，首批试点主要包括航天科技五院、船舶工业系统工程研究院、船舶重工 438 厂等 9 家公司。在此次试点工作中，工作组和专家队伍专门制定了试点实施方案，并起草了《装备生产单位信用评价工作管理办法》和《装备生产单位信用等级评价指标体系及评分标准》。在此之后，于 2017 年进一步扩大了试点范围，推动装备生产企业的信用评级工作不断深入，使得装备生产企业信用等级评价体系、评价指标、评分标准和评价办法得到了完善，取得了"可复制、可推广"的成果。在军民融合领域引入信用评级机制的实践方面，为我们探索装备生产企业信用体系提供了宝贵的经验，指明了研究的方向。

二、研究意义

第一，有利于降低装备交易成本。在装备交易活动中，对装备生产企业的信用水平有一个全面的了解至关重要。根据交易成本理论，上述为获取与装备生产企业信用水平相关的信息付出的对价属于交易成本。目前，我们在购买装备时，为获取企业信用信息需要付出较高的对价。在装备生产企业信用体系研究中，我们提出建立信用信息平台与信用评级机制的具体措施能够降低获取装备生产企业信用信息所需付出的对价，让军队更加容易获取权威的企业信用信息，从而有利于从整体上降低装备交易的成本。

第二，为完善军民协同制度体系提供参考。现在正值军队改革进入政策制度建设的关键时期，国际国内的形势都对我国的军民融合深度发展的实践造成了不同程度的影响，对我国现有的军民协同制度体系提出了新的要求。装备生产企业信用体系研究从企业信用出发提出了如何建立装备生产企业信用体系相关制度来规范装备生产企业的生产经营活动，这能够有效应对军民协同深度发展过程中出现的装备生产企业失信问题，为完善军民协同制度体系提供了参考。

第三，有利于提高装备生产企业的信用水平。装备生产企业信用体系研究针对装备生产企业失信问题展开分析，深入剖析造成企业失信问题的根本原因，在此基础上，通过信用促成维护机制和信用风险管理机制，从源头上有效预防装备生产企业失信行为的发生，进而帮助装备生产企业树立诚信交易的理念，有利于提高企业的信用水平。

第二节 研究基本框架和思路

一、研究基本框架

本书首先从装备生产企业信用体系的相关概念、基本理论、基本要素及建立装备生产企业信用体系的 SWOT 分析四个方面介绍了装备生产企业信用体系的相关内容。其次，从装备生产企业的信用基本情况、失信行为主要表现对其信用现状进行了陈述，并运用博弈论对其失信行为的原因进行分析。针对装备生产企业的信用现状，提出了装备生产企业信用体系的基本内容，即"一个平台、一套体系、三大机制"。在此基础上，分别对装备生产企业的信用信息平台、信用评级体系、体系运行动力机制、信用促成维护机制、信用风险管理机制五个部分进行了详细的叙述。

第一章，绪论。明确了选题背景与研究意义，阐明了研究基本框架和思路、主要研究方法，并提出了主要创新点。

第二章，装备生产企业信用体系理论分析。界定了装备生产企业信用体系的相关概念，论述了研究的理论基础和基本要素，在此基础上对建立装备生产企业信用体系展开了 SWOT 分析。

第三章，装备生产企业的信用现状。简要地介绍了装备生产企业信用基本情况，归纳了装备生产企业失信行为的主要表现，并对其失信行为展开了博弈分析，得出产生失信行为原因。

第四章，装备生产企业信用体系的基本内容。根据第二章的失信原因分析结果，提出了"一个平台、一套体系、三大机制"的信用体系基本内容，并厘清了各部分的职能。

第五章，装备生产企业信用信息平台。分析了建立信用信息平台的需求，详细地叙述了信用信息平台的三大运行环节，介绍了平台的各项功能，并明确了平台的机构设置。

第六章，装备生产企业信用评级体系。按照选取指标、设计权重和明确评分规则的顺序设计信用评级体系，并以某企业为例展示了信用评级体系的具体实施方法。

第七章，装备生产企业信用体系运行动力机制。描述了体系运行动力机制的功能，指出动力机制由牵引力、推动力、约束力三个要素构成，并详细地说明了上述三个要素的工作原理。

第八章，装备生产企业信用促成维护机制。明确了信用促成维护机制由失信惩戒机制和守信激励机制构成，分析了两者的联系和差异，并分别对上述两个机制的具体建设提出了相关的建议。

第九章，装备生产企业信用风险管理机制。明确了信用风险管理机制由风险识别、风险分析、风险应对三部分构成，并详细规定了各部分在风险管理过程中承担的具体职责。本书框架图如图 1 - 1 所示。

二、研究思路

本书围绕"是什么——怎么样——建什么——怎么建"这一逻辑主线，对装备生产企业信用体系展开研究，提出建立装备生产企业信用体系的基本框架，并着重研究以下几个问题。

一是装备生产企业信用体系的定义。为了对装备生产企业信用体系进行深入、严谨的研究，在展开对于装备生产企业信用体系的研究之前，首先要对装备生产企业信用体系进行相关的界定，并描述其相关特征，为后续研究奠定基础。

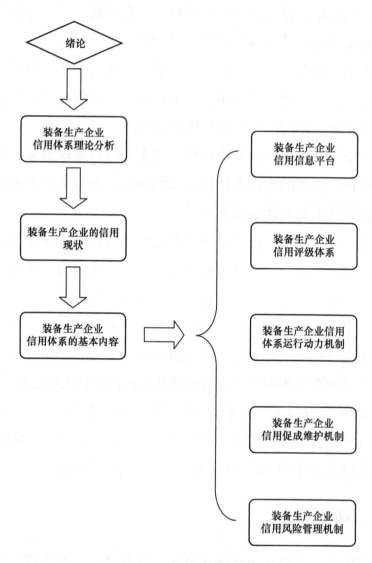

图1-1 研究基本框架

二是装备生产企业的信用状况。本书主要分析了我国装备生产企业信用状况，并对其失信的行为表现进行了分类，在此基础上从博弈论的角度对失信的原因进行分析，为后文中建立装备生产企业信用体系提供了思路和方向。

三是装备生产企业信用体系的基本内容。装备生产企业信用体系主要包括"一个平台、一套体系、三大机制"，即装备生产企业信用信息平台、装备生产企业信用评级体系、体系运行动力机制、信用促成维护机制、信用风险管理机制。各个组成部分各司其职，围绕着"提升装备生产企业信用水平、保证国防支出的效益"这一目标发挥各自的作用。

四是装备生产企业信用体系建设。通过对装备生产企业信用体系不同组成部分进行分析和研究，以及运用层次分析法和神经网络对信用评价体系和信用风险评估机制进行合理的设计，各个组成部分能够充分发挥既定的作用，并在装备生产企业信用体系这一大框架下形成一个有机的整体。

第三节　主要研究方法

研究方法，是指在研究中发现新现象、新事物，或提出新理论、新观点，揭示事物内在规律的工具和手段，主要包括文献调查法、观察法、思辨法、行为研究法、定性分析法、定量分析法、历史研究法、规范分析法、实证分析法等。在对装备生产企业信用体系进行研究的过程中，为了对研究对象进行全面系统的分析，本研究既采用了定性与定量分析相结合，也采用了规范与实证分析相结合的研究方法，并将两种方法取得的结论相互印证，以获得科学、严谨的研究结果。

一、定性分析与定量分析相结合

定性分析和定量分析是广泛应用于人们对陌生事物的认知过程的两种方法，两者是相互对立且统一的。一般而言，定性分析旨在解决研究对象"有没有"和"是不是"的问题，是以人们普遍承认的、大量的历史事实或公理为基础对研究对象的本质开展的分析。定量分析则是利用数学模型或统计学方法对统计中得到的大量原始数据进行处理，从而研究对象的数量特征、数量关系与数量变化的分析。定量分析法在科学研究中具有重要的地位，马克思曾经指出："一门科学只有成功地运用数学时，才算达到了真正完善的地步。"[1]从两种分析方法的定义中，我们能够看出，两者是从不同的途径对于未知事物的本质进行靠拢的，在路径的选择上两者是对立的。然而，定性分析与定量分析又是统一的。原因在于，定性分析是定量分析的基础，为定量分析明确了方向；定量分析使得定性分析更深入、得出的结论更具说服力。两种研究方法相互印证，能够使研究结果更具实际意义，更能充分揭示出事物的本质。本研究一方面利用我国装备生产企业的大量历史事实对该领域的信用体系进行定性的分析。另一方面，在定性分析的基础上，为了细化研究成果，运用取得的大量数据，建立了合理的模型开展相应的定量分析，从而对研究问题有更加深入和具体的理解和认识。

二、规范分析与实证分析相结合

规范分析研究的是"应该怎样"，并在其中加入了价值的判断。规范分析重在逻辑推理、论述道理，其研究的问题类型包括：是否应该征收房产税、人民币对美元汇率是否应该提高等等。实证分析研究的是"是什么"，是对事实的客观反映，不加入价值判断。实证分析重在用统计数据、模型等展开分析，例如物价指数是多少、国民收入是多少等等。本研究不仅运用已统计的数据，对我国装备生产企业信用的现状进行了实证分析，了解了装备生产企业信用体系运行的状况，还根据实证分析了解的状况，开展了规范分析，通过严密、科学的规范分析，得出我国装备生产企业信用体系应该是什么样的、怎么建设的结论。

第四节　主要创新点

一、研究内容创新点

本书针对装备生产企业信用体系开展研究，从信用管理的角度分析了装备生产企业信用问题，丰富了相关理论；提出了针对装备生产企业的信用评级方法，能够有效对该类企业开展信用评估。

二、研究方法创新点

首先，本书采用了层次分析法和模糊综合评价相结合的信用体系评估模型，能够有针对性地开展信用评级工作；其次，采用了神经网络的分析方法，对企业的信用行为进行预测，有效控制了失信风险。

第 二 章

装备生产企业信用体系理论分析

　　要对装备生产企业信用体系进行研究，就必须先做好相关的理论准备，对其展开相应的理论分析。这一举措有助于我们厘清装备生产企业信用体系的相关概念，合理地界定研究的内容，明确研究的目标，并在此基础上运用我们有限的精力和能力，切中要害地开展研究，以取得满意的成果。在理论准备这一部分，我们将依次明确装备生产企业信用体系的相关概念、理论基础、基本要素和对于建立装备生产企业信用体系的 SWOT 分析。

第一节　相关概念

　　概念是思维的基本形式之一，通常是指反映客观事物的一般的、本质的特征。人们把感知的事物的共同本质特点抽象出来，然后加以概括，就成为概念。为明确研究对象，必须在研究装备生产企业信用体系之前，对相关概念进行界定。

一、装备生产企业

　　武器，又称为兵器，是用于攻击的工具，也被用来威慑和防御。一般而言，任何可用于造成伤害的事物，包括造成心理伤害，都可以被称为武器。从原始时期人们使用的木棍，一直到现代杀伤力巨大的原子弹，都属于武器的范畴。武器在被利用之时，遵循的原则是效果最大化、附带伤害最小化。随着武器的不断进步，该原则在武器的设计、生产和使用上体现得愈加明显。马斯洛提出的需求层次理论中指出，人类的需求分为生理需求、安全需求、爱和归属感、尊重和自我实现，依次由较低层次到较高层次排列。根据该理论，可以看出人类在满足了基本的生理需求之后就需要满足自身的安全需求，而武器是满足安全需求必不可少的工具，这就导致了人类对于先进武器的需求仅次于对于衣食住行的需求。从另一个角度来看，在武器数量和质量上拥有优势的个人和团体，更易在竞争中获胜，从而取得分配物资的权利以更好地满足其生理需求。因此不难发现，人类发展的历史与武器变革和发展的历史是相对应的。装备的设计和生产离不开科学技术的进步和发展，一国拥有的科学技术水平通常能够通过其武器的水平来体现，鉴于此，武器不仅仅能作为保护自身安全和攻击他人的重要工具，更是能够作为体现一国科学技术水平和国防力量的重要指标。

装备生产企业，顾名思义就是指专门生产装备的企业。就我国现有情况而言，文中所指的装备生产企业主要包括：军工企业、民参军企业和部分科研院所。其中科研院所只包括生产数量较大的装备或数量较少的大型且技术成熟的装备的科研院所，不包括生产处于科研实验阶段的装备的科研院所。我国现有的军工企业体系是以覆盖航空、航天、兵装、船舶、电子、核6大领域的11大军工集团为主体建立的，其中已有9个军工集团位列世界500强企业。近年来我国的大型装备的生产任务主要是依靠上述11家军工集团及其下属企业完成的，因此装备生产企业信用体系研究基本上是以我国军工企业为主要对象开展的研究。民参军企业是装备生产企业中以民营资本为基础成立、生产装备的企业，是我国国防建设的重要力量之一。我国科研院所的主要职能是对装备进行研发以及对相关专业人才进行培养，其中也有少数院所有能力担负起少量的装备生产的任务，这些院所成为我国装备生产领域的重要补充。上述三者是装备生产企业的主要构成，它们彼此区别同时又互为补充，对于保持我国装备生产活动的健康发展具有重要的意义。

装备生产企业产出的产品是装备，这就决定了装备生产企业与一般的企业相比具有一定的差异。该差异具体表现在以下三个方面：一是装备生产企业相比一般企业而言拥有更加前沿的技术，这是由装备的先进性决定的；二是装备生产企业比一般企业对于生产资料的保密要求更高，因为装备生产企业拥有的生产资料的先进性使得一旦发生泄密，造成的不仅仅是企业的损失，更是国家国防力量的流失；三是在中国装备市场中的需求方具有唯一性，即装备生产企业只能向军队供应产品，这是我国的国情决定的，这样的买方优势市场在一定程度上使得企业在产品生产上容易受到军队需求的影响。

二、信用评级与信用体系

1. 信用

要明确"信用评级"与"信用体系"两者的概念，就必须首先对"信用"这一基础概念进行界定。关于"信用"这个概念产生，可以追溯到古罗马时代。在当时，由于经济的发展，一些富人积累了较多的财富，出现了富人放贷给穷人的现象。当时，这种借贷交易是基于交易双方互相的信任来开展的，这种高利贷信用就是已知的最古老的信用形式。这种信用的形式在我国春秋战国时期也存在过,《史记·货殖列传》有过明确的记载:"吴楚七国兵起时,长安中列侯封君行从军旅,赍贷子钱,子钱家以为侯邑国在关东,关东成败未决,莫肯与。"其中的子钱家便是我国"信用"这一概念萌发的标志。因此,可以说信用是从放贷这一经济活动中产生的,在原始社会末期第一次的社会大分工之后,原始社会内部出现了私有制和贫富之分,穷人因缺乏满足自身生存需求必需的生产资料和生活资料,只能向富人借贷并为此支付相应的时间成本——高额的利息。此后,经过长期的发展,"信用"成为我们现在熟知的概念。

经过对信用多年的研究,人们对于信用的概念也有了进一步的认识。在现实生活中,信用的概念有狭义和广义之分。狭义的信用是指受信方向授信方在特定时间内履行付款或还款承诺的能力和意愿。保持信用是在市场中开展交易活动最基本的要求,它建立在授信方相信受信方将会按照承诺偿付借款的基础之上,信用也能够使后者拥有获取商品、服务或货币而无须为此支付相应的现金的能力。广义的信用是指参与经济活动的当事人或发行各类金融工具的主体履行其经济承诺的能力和可信任程度。广义的信用含义除了包含狭义的信用含义之外,还包含了道德伦理范畴和法律制度两个层面的含义。信用作为一种基本的社会道德规范和行为准则,要求人们在日常交往中应当诚实无欺、一诺千金、有约必践。从法律制度层面来看,信用是依法可以实现的利益期待,如果当事方一方违反信用或承诺就会受到与之对应的法律法规的制裁。在现实生活中的各项经济关系(如合同债务、担保)和金融工具(如保险、票据),均是以信用为基础的。

通常,学术界将"信用"分为国家信用、企业信用和消费者信用三类。其中,国家信用通常也被称为政府信用和公共信用,是指国家的各级政府作为主体履行债务的能力和意愿,包括国外信用和国内信用两种。国外信用就是我们常接触的"主权信用"，是国家之间的借贷关系，如世界银行贷款、美国对拉丁美洲国家的贷款、我国对非洲国家的贷款等；国内信用是国家各级政府发行债券，由本国企业或个人购买形成的借贷关系，如我国的国债、地方债等。

企业信用是一个企业授予另一个企业的信用，包括商业信用、银行信用、票据信用等形式。其中，商业信用是现代信用的基础，是企业以延期付款形式提供的信用。商业信用是在产品赊销的过程中产生的，在此过程中的授信方通常是材料供应商、产品制造商等供货企业，受信方是与他们开展交易的企业客户或代理商。随着现代银行的出现和发展，银行信用逐渐取代了商业信用。银行信用是在银行、货币资本所有者和其他专门的信用机构向企业提供贷款过程中产生的，这种信用与商业信用相比，能够解除数量和方向上的限制。当市场经济高度发展之后，在商业信用和银行信用的基础上出现了票据信用和证券信用等信用形式。

消费者信用又称为个人信用，是工商企业、银行和其他金融机构向消费者个人提供的用于消费支出的信用，包括赊销和消费者信贷两种主要方式。消费者信用对于刺激生产、改善社会消费结构、提供资本的使用效率有着积极的影响。

在本书中，"信用"一词指的是广义的信用，即以装备生产企业为主体的各类经济活动中当事人履行各种经济承诺和可信任的程度。在该定义中，信用囊括了装备生产企业的各类交易活动，涵盖了在装备生产领域中开展交易活动的各主体。在一定程度上，该定义体现了道德伦理层面和法律层面上的诚信守约。本书中的"信用"，从经济学角度来看，是各主体严格按照合同双方约定的责任和义务履行合同，它是市场交易得以顺利开展的基石，也是市场经济顺利发展的重要条件。若一个市场中的交易主体失去"信用"，则市场中各交易主体就会因交易双方违约风险过高而放弃交易，进而影响整个市场经济的正常运转，使得市场资源的流动受到严重的阻碍，干扰了市场对于资源的配置。

2. 信用评级

在理解了信用的定义之后，就不得不提及信用评级这一定义。"信用评级"顾名思义，就是对某一主体的信用程度、水平进行评定。在19世纪上半叶的美国，信用评级这一服务首次出现。当时美国的债券融资市场已经初步形成，1837年美国爆发了金融风暴，大量的债券都出现了违约偿付的状况，造成了投资者巨大的损失，也严重影响了债券融资市场的正常运转。此后，债券的投资者就产生了对债券违约相关信息的收集和分析的巨大需求。在这样的背景下，路易斯·塔班于1841年在纽约成立了名为"纽约商业信用评级公司"的商业信用评级机构，帮助商人寻找信用良好的顾客与商业伙伴。1859年，罗伯特·邓任该公司总裁，在任期内为规范公司信用评级工作出版了首版信用评级指南。在此之后，对于信用评级的研究逐年增加，同时也受到了更多的重视。诺贝尔经济学奖获得者、芝加哥经济学派的代表人物之一弗里德曼（Milton Friedman，1912—2006）在谈论穆迪（一家大型信用评级公司）时就说过："我们生活在两个超级大国的世界里，一个是美国，一个是穆迪。美国可以用炸弹摧毁一个国家，穆迪可以用债券降级毁灭一个国家。有时候，两者的力量说不上谁更大。"[2]

信用评级也称为资信评级，学术界一般将其含义分为狭义和广义。狭义的信用评级是指由独立的专业信用评级机构对债务人按照约定日期足额偿还债务本息的能力与意愿进行评价，并用字母、数字等符号表示债务人违反约定不偿还借款的风险与失信将会造成损失的严重程度；广义的信用评级则是对各类市场参与者及各类金融工具的发行主体履行各类经济承诺的能力及其可信程度进行的评价。可以发现，广义的信用评级的定义，不仅包含了狭义的信用评级的定义内容，还包含了信用评级机构以信用评级的专业技术为基础发展而来的其他非资信评级业务，主要包括对投资质量、市场风险、管理质量、资产波动性等内容进行的评级。[3]

在理解信用评级的定义时需要从信用评级的主体、客体、内容等方面入手。信用评级的主体，就是指由谁来进行评级。一般而言，在市场经济中，存在很多机构或公司以独立第三方的身份为市场中需要信用评级的对象开展信用评级。信用评级的客体，就是指对谁进行评级，只要是市场中参与交易者都可以成为信用评级的客体，具体包括个人、企业、金融机构甚至国家等。信用评级的内容是指对什么进行评价，信用评级的目的是向信用信息使用者揭示相关企业或交易活动的信用风险，提供的信息中不涉及其他的投资风险或评价对象的经营状况等信息。按照信用评级的内容分类，可将其分为对评级对象的整体信用情况的评级、对信用工具的评级、对特定的信用关系的评级。信用评级具有公正性、客观性、简洁性、可比性、服务对象广泛性、时效性的特点。

3. 信用体系

在学术界，人们很少使用"信用体系"这一词语。信用体系概念的最早定义可以在伊藤诚和考斯达斯·拉帕维查斯的《货币金融政治经济学》[4]中找到，其中第四章名为《信用体系》。在此章中，作者沿用了马克思关于信用的定义，提出"信用体系的核心基础是在社会总资本周转过程中，由闲置资本的产生提供的。闲置资金通过信用体系的中介而成为生息（可贷）资本"，并讨论了资本主义的信用体系，在文中指出"信用的形式进一步发展期相互之间的及同实际积累之间的有机联系，最终形成一个信用体系，一个国内经济的完整机制"。

学术界现在对于信用体系并没有一个统一的定义和概念，但是对于社会信用体系却有一个明确且认同度较高的概念，即"社会信用体系是以相对完善的法律、法规体系为基础，以建立和完善信用信息共享机制为核心，以信用服务市场的培育和形成为动力，以信用服务行业主体竞争力的不断提高为支撑，以政府强有力的监管体系作保障的国家治理机制"。

从上述社会信用体系的概念可以看出信用体系是一种治理机制，其发展是建立在市场经济高度发展的基础上的，是为了保证各类经济活动顺利开展、降低交易信息成本而生的产物。从个体交易而言，它不仅代表着投资方对于风险控制的意愿，也从另一个侧面为筹资方树立良好的形象提供了可靠的渠道。从整个经济发展的角度来看，信用体系对于规范市场交易秩序，保证经济平稳发展，有着重要的意义。同时，信用体系的建立也是人们对于交易基本原则的遵循和道德伦理的体现。

信用体系会建立一个独立第三方的机构，所谓信用第三方机构是指该机构与市场各交易主体没有任何利益关系，而且该机构的正常运行不受市场内各交易主体的影响。独立第三方机构的特殊性使之能够运用合适的技术手段，不受外界影响地对市场中的各交易主体开展合理的信用评级。而且，作为独立第三方发布的信息更加公允，也更能让各位信息使用者信服，在这样的情况下才能为市场中的交易双方提供一个合理可信的信用评级、信息发布服务。

一般而言，信用体系主要包括信用文化、信用教育、信用管理、信用立法和信用制度五个方面的内容。其中，信用文化和信用教育是整个信用体系顺利运转的前提和基础，前者是建立信用体系的核心思想，是信用体系制度设计中最关键的环节，即让诚信的观念深入每个交易主体的内心；后者能够培育市场中各交易主体的信用文化，是实现前者的前提和基础手段，也是实现信用体系不断自我进化、完善且持续健康运转的重要组成部分。

三、装备生产企业信用体系

根据上述对于"装备生产企业""信用""信用评级""信用体系"概念的界定，可以了解到"装备生产企业信用体系"的概念，在此将其界定为：在以装备生产企业为交易主体的市场中，以装备行业信用服务市场的培育和形成为动力，以信用服务行业主体竞争力的不断提高为支撑，以政府部门的监管体系作保障的市场管理机制。

首先，在该定义下装备生产企业信用体系，是适用于装备生产这一领域，而不是应用于其他领域的；其次，装备生产企业信用体系适用的对象是装备生产企业，针对它们的交易行为进行信用管理，开展信用评级，提供相关的信用信息。

该信用体系是根据装备生产企业的特点和需要，在信用体系的构建中进行相关的调整，使得信用体系更加符合装备生产领域的实际状况。装备生产企业信用体系，其建立的目标主要包括以下两点。

一是为了保证装备生产领域的各项交易活动能够顺利开展，促使领域内各交易主体秉着诚实守信的契约精神完成各项交易，让双方根据拟定的交易合同的内容，在约定的期限内提供与之相符的产品，并在合理的期限内保证产品的质量，为产品的正常使用和维护提供相应的售后服务。通过信用体系的正常运转，防止各交易主体的失信行为的发生，进而防止因此而造成的各项损失。

二是降低该领域由于信息不对称而产生的高额交易成本。由于装备生产领域的特点，在该领域中容易形成交易双方信息不对称的交易环境，该问题会导致双方放弃交易或寻找第三方机构购买信息，无论采取哪种策略，都会导致双方的交易成本上升。装备生产企业信用体系需要建立一个独立第三方的机构，向各交易主体提供交易双方的信用信息，并利用风险管理预警机制有效地降低由于信息不对称而造成的交易成本。

装备生产企业信用体系主要包括一个平台、一套评级体系、三大机制。

一个平台是指建立一个信息汇总、发布和查询的平台，该平台能够将装备生产领域中各交易主体的信用信息汇总公布出来，便于市场中具有相关需求的人员对相关信息进行查询。同时，平台还能及时将国家相关的法律法规和政策变更传达给装备生产领域中的交易主体，使其随时了解国家的政策导向。

一套评级体系是指一套专门针对装备生产企业的信用评级体系。该体系是根据装备生产的特点和一般生产企业的实际情况，以最贴合企业正常盈利模式为目标设计出的。信用评级体系会根据市场、技术以及信用评级研究成果的变化，不断地调整信用评级的手段、方法，使得信用评级体系能够适应当下装备生产企业的发展状况，满足量化开展信用评级的需求。

三大机制是保证装备生产企业信用体系顺利运行，并且实现该体系目的的重要支撑。在装备生产企业信用体系中，支撑其顺利运行的三大机制是体系运行动力机制、信用促成维护机制、信用风险管理机制。上述三者分别从体系的运行、维护和风险管理三个方面对信用体系的运行提供支持，对改善装备生产企业的信用状况有着至关重要的意义，是实现装备生产企业信用体系职能的重要抓手。

第二节　理论基础

一个体系必须要建立在一个或多个科学合理的理论基础之上，理论基础之于体系正如地基之于高楼。科学、严谨的理论基础是验证一个体系是否成立，其存在是否合理，是否具有研究意义的重要前提。因此，装备生产企业信用体系也需要强有力的理论基础的支撑。在研究过程中，主要以三个理论为基础——契约理论、交易成本理论、信用经济学理论。

一、契约理论

契约（或合约）是双方当事人基于对立合致的意思表示而成立的法律行为，为私法自治的主要表现。[5]契约通常是指私法上的法律行为，可分为债权契约、物权契约及身份契约等，但在公法上也存在契约关系，如行政契约等。契约包括要约和承诺两个方面意思，这两个方面的意思体现在表意人发出要约来得到相对人承诺对要约所作的肯定答复的过程之中。[6]简言之，契约就是市场中交易双方或多方之间，在实现各自的利益诉求的基础上通过博弈达成的、各方都认同并对其进行背书的一种协议，我们常见的"合同"就是契约的一种。

契约理论的研究对象是在特定交易环境下的不同合同人之间的经济行为与结果。在研究过程中为简化研究过程、排除无关因素的干扰，一般需要通过设定假定条件在一定程度上简化交易过程和交易环境。在对交易进行预处理基础上，建立与之相配套的模型开展分析并得出结论。[7]契约理论作为经济学的分支，近年来得到了迅速发展，2016 年的诺贝尔经济学奖就颁发给了创建新契约理论工具的研究者。该研究对于理解现实生活中的契约与制度，以及契约设计中的潜在缺陷具有重要的意义。

对装备生产企业信用体系进行研究时，契约理论的理论观点和研究角度能够结合博弈论的研究工具，帮助我们从理论上深入分析装备生产企业的失信原因，厘清市场中不同要素对于装备生产企业失信行为的影响。契约理论认为，市场经济具有交易契约化的属性，人们在交易过程中发现，采取机会主义进行交易从而达到损人利己的效果虽然能够令自己短期内取得较大的利益，但是从长期来看这样的行为会使得双方都受到损失。在这样的背景下，经过多次重复交易和博弈之后，相当一部分交易者形成了互相承认和遵守的互利互惠的交易准则，在长期的演变之后，就通过规则这一形式将交易准则固定了下来。在相对简单的交易中，由于交易双方大多是互相熟悉的人，加之地域的局限、有限的商品种类和市场容量，交易相关的信息较为单一。在此环境中，双方交易者通过之前交易的经历和经验就能确认交易的可信度，即使交易双方未曾有过直接的交易经历，仍可以通过中介或熟知的、可信的第三方作为背书开展可信度极高的交易。从另一个角度来看，在简单的交易环境下，由于地域的限制，交易失信会造成失信者与其近亲属、失信者的朋友及其近亲属的严重的名誉损失。在此交易环境中，交易信用通常是建立在因熟悉的人际关系而产生的道德约束基础上的，这样的失信成本是巨大的，因此也促成了简单的交易环境中交易者诚信度较高这一现实状况。

在装备生产行业中，极少能遇到上述的简单交易环境，市场经济条件都是较为复杂、多变的。在这样的市场中，交易者的数量是巨大的，交易的范围更广，交易的空间范围更大，同时市场中商品的种类也变得十分庞大。在该市场环境完成交易的过程中，相关的交易信息注定包含着海量的内容，交易者很难甚至基本上不可能获取所有的交易信息，这一事实使得装备生产企业在利益的驱动下采取损人利己的交易行为的可能性急速上升。与此同时，由于人员流动性增加，交易双方熟悉的程度也相应地越来越低，进而使得因人际关系而产生的道德约束和个人声誉的限制也随之弱化，失信的成本也相应降低。正是在这样的情况下，合同作为一种契约成为保障交易顺利开展的基本信用工具，同时也制定了与之配套的商品交易的法律来规范契约的签订、执行和仲裁，以其作为独立于交易双方的第三方。当交易的一方因未按照契约履行义务时由第三者对其进行仲裁，对失信者进行惩罚并让其对造成的损失进行补偿。

在运用契约理论展开分析时，也需要注意其局限性。马克思曾经说过，资本如果有百分之五十的利润，他就会铤而走险，如果有百分之百的利润，他就敢践踏人间一切法律，如果有百分之三百的利润，他就敢犯下任何罪行，甚至冒着被绞死的危险。从经济学中的理性人假设我们也可以得知，仅仅靠道德、声誉的角度来对企业的行为进行约束是不切实际的，只要失信的交易行为能够为失信者带来巨大的利益，往往失信就会成为理性选择。在契约理论中，虽然契约能够对交易活动进行一定程度的规范，并令其按照有利于交易双方的方式执行。但是，在复杂的市场经济条件下，对于因对方失信致使利益受到损害的交易者而言，其申请第三方进行仲裁的成本较高，从开始维权到得到损害的补偿也存在着相当长的时间跨度。因此，可以得知在复杂的市场经济条件下，契约能够在一定程度上保证交易的顺利开展，但是并不能有效地解决交易者在经济人假设中固有的趋利避害属性推动下产生的失信行为，此时契约理论基本上失效。因此，为了防止上述情况的发生，就必须提高交易失信成本，建立起与之对应的制度安排，即建立起具有强制性原则的信用制度——信用体系。信用体系的目标在一定程度上与契约理论的目标相似，都是为了保证市场中的交易者按照诚实守信的原则开展各项交易活动，信用体系对于企业交易行为的影响是基于但不限于契约的，体系利用市场中的多要素联合作用于装备生产企业，引导装备生产企业在交易过程中遵守信用、公平交易。信用体系能够对契约理论进行有效的补充，放大契约理论的作用效果，因而契约理论对于复杂市场经济条件中交易行为的分析中的局限性，从侧面反映和论证了开展信用体系研究的必要性和迫切性。

综上我们可以得知，契约理论研究市场经济发展规律所需的重要理论工具，对于开展装备生产企业信用体系的研究具有重要的价值，能够为研究装备生产企业履行合同时的决策方式提供研究方向。契约理论对于信用体系研究角度的选取提供了重要的思路，使得信用体系研究的开展有迹可循，研究的切入点更加合理、科学。契约理论中对于交易行为进行规范的方式，为信用体系的研究指明了重要的研究方向，提供了开展研究的方法。

二、交易成本理论

交易成本理论又称为交易费用理论，是由产权理论的奠基人、1991 年诺贝尔经济学奖获得者科斯于《企业的性质》一文中提出的。在阐述了交易成本理论之后，科斯以之为基础创立了产权经济学。交易成本理论的关键在于对企业的本质进行了解释，所谓交易成本就是在一定的社会关系中，人们开展并达成交易获得所需产品的过程中必须支付的所有对价，它与一般的生产成本是相对应的一组概念。从本质上来看，只要有人类之间相互交换物品的活动，就一定会存在着交易成本，因此可以得知交易成本是研究市场经济过程中必须重点考虑的因素之一。

交易成本理论指出，交易活动是稀缺的、可计量的，同时也是可比较的。科斯在《社会成本问题》一文中进一步论述了交易费用及其对制度形成造成的影响。虽然企业与市场是两种不同的交易体制，但是两者却可以在一定程度上相互进行取代。正是交易成本的存在才决定了企业的存在，同时交易成本也能够将企业与市场进行明确的区分。这主要是因为，企业通过内化市场交易的方式来减少交易成本，同样的，交易企业的存在也能够节约市场的交易成本。换言之，企业内部交易群体采取企业的形式来替代外部市场交易，能够有效降低外部交易带来的交易费用。据此，我们可以得知，企业内部交易的边际费用和外部市场交易的边际费用是决定企业规模的重要变量，当两者达到均衡时，企业达到最大规模，该均衡点的意义在于此时内部交易与外部交易的交易成本不存在差异。[8]

在开展装备生产企业信用体系研究时，因为装备生产企业都是以交易成本为基准开展生产经营活动的，所以需要以交易成本为线索进行信用体系的研究。一方面我们需要降低装备交易市场中买方的交易成本，另一方面需要提高装备交易市场中作为卖方的企业失信交易成本。根据交易成本理论，交易成本主要来源于人性因素与交易环境因素相互作用产生市场失灵现象造成的交易困难，对其成因进行分类可以归纳为有限理性、投机主义、不确定性与复杂性、专用性投资、信息不对称、气氛六项。[9] 对于装备的购买方而言，我们需要从不确定性与复杂性、信息不对称两个成因着手降低交易成本。在降低交易过程中的不确定性与复杂性的同时缓解信息不对称的困境，能够有效降低买方的交易成本。对于装备生产企业，我们需要从有限理性、投机主义、气氛三个成因出发提高企业失信的交易成本。提高企业在交易过程中的理性，打击企业失信的投机行为，营造良好的信用环境等是提高企业失信的交易成本的有力措施。

通过观察可以得知，装备交易市场处于不确定和不完全的市场竞争条件下，市场中的各交易主体之间只要发生交易则必然产生交易成本，因而在理性的驱使下，交易双方都会选择以各项费用之和最低的方案来开展交易。交易双方信息的高度不对称，为装备生产企业失信提供了条件和空间，而成本和收益两者之间的不对称又进一步为失信行为提供了负面的"激励"，如果没有合理、有效的制度对其进行约束，大量的企业就会采取失信手段来不当获利，从而破坏整个市场经济的正常运行。根据交易成本理论，企业是否会守信、遵守契约，主要取决于失信的成本和收益与守信的成本和收益之间比较的结果。[10]如果失信的收益扣除成本的数值高于守信的收益扣除成本的数值，则在理性人的假设下，装备生产企业会选择失信来获利；而反之，企业就会选择守信。因此，对于失信行为的惩戒制度的缺乏，使得失信行为的收益明显高于其成本，同时又远远高于守信行为的收益，长此以往将会助长失信行为的发生。[11]

建立信用体系以及与之配套的法律法规，通过两者对于失信行为的惩罚和预警，能够对失信行为进行有效的约束，大大提高失信行为的交易成本，使得失信行为的收益大幅低于失信行为的成本或守信行为的收益。与此同时，这些制度和措施也有效地保障了守信的交易主体的合法利益。在这样的背景下，企业对自身交易行为将更加自律，以此来营造良好的信誉和形象。从长远来看，这将使得市场经济内部自发形成一种诚实守信的良好交易环境，在降低交易成本的同时也为守信企业赢得了更多的交易机会。

三、信息经济学理论

信息经济学理论的研究最早出现于 20 世纪 40 年代，此时研究的重点分布较为广泛，总结起来可以归纳为两点：一是基础理论的研究，二是技术应用的研究。[12] 这两个方面的相互补充和促进，奠定了信息经济学的理论基础。信息经济学理论经历了 50 到 60 年代的逐步发展，到 70 年代基本发展成熟，在此期间有大量的信息经济的著述出现，其中较为重要的有美国霍洛维茨的《信息经济学》、英国威尔金森的《信息经济学——计算成本和收益的标准》、日本曾田米二的《信息经济学》[13] 和伊恩·马霍的《信息经济学》等。

信息经济学是围绕信息在市场经济中的影响开展的研究，在装备交易市场中信息对于装备购买方和企业都具有较大的影响。因为装备与一般商品相比具有包含的科学技术水平更高、产品质量要求更高等差异，所以装备交易市场是一个典型的不完全信息和不对称信息的市场。信息经济学研究领域中的不对称信息经济学就是当外部条件为不完全信息和不对称信息时，对市场交易中各种交易关系、交易决策和契约安排展开研究的理论。在运用该理论对装备的交易进行研究时，从不对称信息入手对经济学中的相关问题开展研究，能够更好地理解交易者在交易过程中如何以信息为基础进行决策，让我们能够对信息改变交易环境进而影响交易行为进行更加严谨的研究。

信息经济学中讨论的信息是对交易双方的利益具有重大影响的信息，其中不涉及各种对利益影响微小或无影响的相关信息。[14] 根据不对称信息内容的特点，可以将不对称信息分为两大类：一类是交易之前双方自身已经具备的、与交易相关的知识不对等；一类是签订合同后，一方无法了解另一方违背合同约定的相关行为并对该行为进行管控。前者是外生的、既定的信息不对称，不随双方当事人的行为改变而变化，这类信息不对称一般被称为隐藏知识或隐藏信息。后者是内生的，随双方当事人行为的改变而变化，被称为隐藏行动。在装备交易市场中，隐藏信息和隐藏行动两种信息不对称的情况常常并存。因此，要缓解或摆脱信息不对称的困境，不可一概而论，需要针对两种信息不对称的情况分别采取合理的措施。对于隐藏信息的问题，需要我们建立一个发布企业信用信息的权威渠道，让装备的买方能够在签订合同前对于企业的信用水平有一个全面的了解。对于隐藏行动的问题则需要我们在签订合同后，对装备生产企业的履约行为进行监督，并对其未按合同进行履约的情况进行处罚。可见，上述信息经济学对于装备交易市场的分析为我们装备生产企业信用体系的构成提供了宝贵的思路，对如何完善装备生产企业信用体系的功能提供了科学的方法和路径。

信息经济学理论的完善和发展已经成为经济研究中不可或缺的分析工具，并被广泛运用于各类市场经济的研究之中。信息经济学从信息的角度解答了经济人有限理性为何存在的问题，即信息不对称广泛存在造成了经济人无法从客观的角度进行理性决策来得到真正意义上的利益最大化的结果。在信息经济学理论中，信用是经济社会稳定发展不可替代的重要信息类别，信息经济学的各种理论和成果都是以一个稳定可靠的社会信用体系存在为条件进行研究得出的。在针对装备生产企业信用体系的研究中，如何科学合理地利用信用这一重要信息，如何对信息进行处理，都需要运用信息经济学理论中的相关研究成果，使得信用信息能够在装备生产领域中充分发挥其作用，在整体上有效改善装备生产企业的信用状况，保证产出的装备符合部队的需求，满足提升我军战斗力的需要。

第三节　装备生产企业信用体系的基本要素

按照系统论的观点，系统是指相互联系、相互作用的若干组成部分构成的有机整体。系统作为一个整体，在性质和功能上与其内部各个组成部分相比具有不同的特征。系统内部的基本成分统称为系统的要素，它是系统形成的基础。外部环境是系统运行的基础条件，与系统是内部和外部的关系。系统内部各要素、要素和系统以及系统与环境之间都存在着有机的联系，这些联系表现为系统自身的结构和系统与环境的物质交流等。

从上述系统论的观点中可以得知，装备生产企业信用体系为了保证自身的正常运转，也必然具有各类要素，这些要素在装备生产企业信用体系这一大构架下，通过各要素之间、要素与体系、要素与环境之间的相互联系与作用，使得体系能够实现建立之初的目标，即改善装备生产企业的信用状况，提升装备生产企业的履约能力。根据要素的特点及性质的不同，可以将其分为主体要素、资源要素和环境要素三类。

一、装备生产企业信用体系的主体要素

主体是与客体相对应的存在，哲学上是指对客体有认识和实践能力的人，是客体的存在意义的决定者，而客体是可感知或可感想到的任何事物。客体既包括客观存在并可以主观感知的事物，其中具体的如树木、房屋、桌子等，抽象的如物价、自由等。对于主体而言，客体是与之相对立的事物，在一定的条件下，客体会衍化为主体，此时与其相关联的事物就转变为客体。同样的，处于主体的

事物，在一定条件下也会转变表现为客体。主体和客体不是恒定的，在合适的条件下两者可以相互转化。

在装备生产企业信用体系之中，主体要素主要是指在装备生产领域能够发挥主观能动性的要素。该要素的主观能动性主要表现在两个方面，一个方面是支撑装备生产企业信用体系的运转，另外一个方面是辅助装备生产企业信用体系的运转。在这样的区别之下，可以将装备生产企业的主体要素分为核心主体要素和辅助主体要素两大类。其中，核心主体要素是指装备生产企业；辅助主体要素主要指政府、部队和地方相关信用评级机构。

1. 装备生产企业

装备生产企业是装备生产企业信用体系主体要素中的核心，装备生产企业是装备生产领域的"细胞"，是装备生产企业信用体系构成的基石，也是体系中最小的组成单位，整个装备生产企业信用体系就是围绕着装备生产企业这一要素建立和展开的。对于这一核心主体要素，其信用状况及生产和销售的状况，影响着体系的运转和发展。因为装备生产企业信用体系就是按照装备的特点，针对其信用行为进行设计的，所以装备生产企业的变动，将会很大程度造成装备生产企业信用体系的调整和改变。装备生产企业在市场上仅是作为一个生产者的角色，但是在该信用体系之中，装备生产企业也是一个信息的提供者，其向信用体系提供了自身的信用信息，使得信用体系能够利用上述信息实现监控和改善企业信用状况的目标。

装备生产企业作为核心主体要素对于装备生产体系的主导性作用主要体现在以下三点。一是装备生产企业的特性决定了装备生产企业信用体系具备的与一般信用体系的区别。以装备生产企业的保密性为例，装备生产企业其生产资料的特殊性，使得装备生产企业相应地具有高度的保密性，所以装备生产企业信用体系在设计之初就需要考虑在信用信息的发布和信用评级之时对于保密信息的处理。二是装备生产企业是装备信用体系的唯一作用对象。装备生产企业信用体系建立的目的是提升装备生产企业的信用状况，敦促装备生产企业按照签订的合同来履行其责任和义务，保证国家对于装备的投入与收益对等。三是装备生产企业是此信用体系建立的基础。古人云："皮之不存，毛将焉附?"[15]装备生产企业体系的产生是在装备生产企业存续的前提下产生的，一旦装备生产企业不复存在，装备生产企业信用体系也就失去了存在的根基，因此装备生产企业作为主体要素对于装备生产企业信用体系而言具有不可代替的意义。

综上可知，装备生产企业对于装备生产企业信用体系具有极其重要的作用，该信用体系在建立、运行和维护的全过程之中都需要依赖装备生产企业的帮助和支持，没有装备生产企业的信用体系无法正常运转。装备生产企业作为装备生产企业信用体系的核心要素，在对信用体系开展研究时，必须对其进行详尽深入的了解和认识，在建立、运行和维护信用体系时，必须充分考虑其作用和影响。

2. 政府

政府在装备生产企业信用体系中属于辅助主体要素，辅助主体要素是指在装备生产企业信用体系中服务核心主体要素以保证整个信用体系顺利运转的要素。政府是国家进行统治和管理社会的机关，是国家表达意志、发布命令和处理事务的机关。

装备生产企业信用体系的建立和运转仅仅依靠装备生产企业自身是不够的，企业逐利的本性推动着它们在装备的生产上攫取最大化的利润，装备生产企业有巨大的动力推动其阻碍信用体系的建

立，逃避对自身交易行为的约束，利用法律法规的空缺来实现不当
得利。鉴于此，需要外部介入来推动装备生产企业信用体系的建
立，并通过科学合理的方式对信用体系进行管理和规范。在这样的
要求下，政府作为一个可靠且具有相当权威性的外部力量，完全满
足了上述的需求。政府一方面能够利用其自身具有的权威性以及资
源调配的能力组织建立装备生产企业信用体系，强制推动装备生产
企业参与信用体系的建设之中；另一方面，行政命令是政府管理社
会的重要手段，对于规范行业具有重要的作用，政府能够通过出台
相关的行政命令，对装备生产企业信用体系的运行和维护进行强有
力的规范，通过行政手段保证信用体系能够按照既定的方式和目标
进行运转，实现其存在的价值和意义。

政府作为装备生产企业信用体系的辅助主体介入装备生产企业
信用体系之中时，也带来了贿赂和寻租问题。一方面，由于装备生
产行业的订单数量大或数额大，使得该行业中的企业为了获得更大
的利益，在成本合理的情况下有极大的动力对政府官员进行贿赂；
另一方面，政府官员为了自身获得利益，也可能主动开展寻租活
动，操控信用体系的运行。

根据上述对于政府在装备生产企业信用体系中作用的分析，可
以得知，政府在该信用体系中是一个不可或缺的主体要素，其作用
虽然不如装备生产企业重要，但是其辅助功能能够有力推动装备生
产企业信用体系的建立，并能够规范其运行和维护，使得装备生产
企业信用体系能够充分地利用社会资源来完成自身的使命。与此同
时，政府也需要克服自身存在的问题，防止对装备生产企业信用体
系的运行造成不良影响。

3. 部队

部队是对军队中团及团以上建制单位的统称，授有番号、代

号、军旗，设有领导指挥机关，编有作战和战斗、勤务保障单位，也泛指军队。

部队作为装备生产企业的客户和装备生产领域的需求方，与其对应的，在装备生产企业信用体系中装备生产企业作为主体核心要素是该领域的供给方。部队在装备生产领域中对企业提出对产品的需求，是装备的主要受众和使用者，能对装备生产企业的生产和经营产生决定性的影响，因此其对装备生产企业信用体系也具有相当程度的影响力。部队在购买装备的过程中，不可避免地会存在对于产品质量的担忧。这种担忧是信息不对称即不完全市场引起的，而装备生产行业的高门槛、保密程度高的特性进一步加重了信息不对称的情况，在这样的环境下，部队为了获得与自身需求相符或与已签订合同相符的装备，就必须采取一定的手段深入了解装备生产企业的信用水平。作为企业失信造成伤害的直接承担者，为了维护自身的利益不受到损害，部队具有最迫切的意愿去推动装备生产企业信用体系建立和运行。

部队作为装备生产企业信用体系中辅助主体要素的作用主要体现在以下三点：一是部队作为装备生产企业信用体系建立之后的最直接受益者，在该信用体系中，能够较为贴合实际地对体系的建立提出宝贵的意见和建议，促使建立的信用体系能够符合装备生产领域的实际情况，保证体系能够有效地实现其目标和价值；二是装备生产领域的交易双方是装备生产企业和部队，因此装备企业信用体系要了解装备生产企业的信用状况或对其开展信用评级就必须从一个直接的角度收集可信度高的信用信息，而部队作为装备的购买方能够满足上述的条件；三是部队能够在装备生产企业信用体系运行过程中，时刻关注其运行的效果，对运行的情况进行客观的反馈并根据实际情况提出体系改进和变革的建议，保证了装备生产企业信用体系的不断优化、更新。

部队是装备生产企业信用体系的辅助主体要素，对于其建立和运行都能够提供极大的帮助，使该信用体系可以真正地符合我国装备生产领域的实际情况，保证在该体系的运行下装备生产企业的信用状况得到切实的提高。与此同时，部队作为装备生产企业信用体系的主要受益者，能够有效降低市场信息不对称带来的交易成本，提升装备采购的效率，使得在相同的、有限的国防支出条件下，能够获得比以往更加优秀的产品和服务。

4. 地方相关信用评级机构

相比于外国信用评级机构，我国的地方信用评级机构的建立较晚，发展也较为缓慢。我国现在较为成熟的信用评级机构有：国衡信国际信用评级中心有限公司、中诚信国际信用评级有限公司和联合资信评估有限公司。我国的信用评级机构是在借鉴国外较为成熟的信用评级公司的发展经验的基础上建立和发展而来的，其中，国衡信是中国本土第一家面向全球评级事业的信用评级机构。它是在商务部、财政部、国家发改委、国家市场监督管理总局和人民银行的指导下，为推进"一带一路"倡议而成立的国际信用评级机构，主要业务包括政府信用评级、"一带一路"评级、主权信用评级、区块链评级（世界第一家区块链评级持牌机构）和保险公司、评级公司治理评级等。可以看出，我国地方部分信用评级机构，已经能够胜任大多数信用评级的工作。在这样的现实基础上，我们能够在装备生产企业信用体系之中引入部分地方相关信用评级机构工作人员，或学习地方相关信用评级机构在信用评级上的先进经验，让我们的信用体系具有更强的先进性和科学性。若装备生产企业信用体系仅仅依靠政府牵头开展建设，会存在三个主要问题：一是建设、运行和维护信用体系的成本较高，单独依靠政府财政支出的话，会对财政造成较大的压力，在一定程度上挤占其他方面的财政支出，影响国家财政的整体部署；二是政府来管理装备生产信用体系必然会需要人力资源的投入，这会增加政府的人员编制，违反了我国政府近年来"精减机构"的原则；三是政府机构的主要工作是进行社会管理，而不是进行信用管理，如果政府单独建设和运营装备生产企业信用体系，可能会由于专业能力不足等原因使得建成的信用体系难以适应我国装备生产领域的实际情况，不能达到预定的要求。

地方相关信用评级机构已经具备了相当的能力，能够在现有的条件下对装备生产企业开展信用评级。近年来，国防科工局发展计划司委托中国和平利用军工技术协会针对部分装备生产企业开展了信用评级工作，并且取得了较为满意的成绩。中国和平利用军工技术协会并不是专业的信用评级机构，尚能对装备企业开展合理的信用评级，那么我们依托现有的发展较为成熟的地方信用评级机构更能够利用其优秀的专业素养为我国装备生产企业信用体系的建立、运行和维护提供科学、合理且有力的技术支持，让信用体系更具有专业性，能够更好地实现信用体系的功能和作用，提升装备生产企业的信用水平。

二、装备生产企业信用体系的资源要素

资源是指一国或一定地区内拥有的物力、财力、人力等各种物质要素的总称。资源一般可以分为两类，一类是自然资源，如矿藏、石油、水等；一类是社会资源，包括人力资源、信息资源和经过劳动创造的各类物质和智力财富等。在此处，装备生产企业信用体系的资源要素主要指的是社会资源，这些资源能够维持信用体系的正常运行，使之持续地发挥既定的作用。装备生产企业信用体系

中的资源要素主要包括信息资源和人力资源两种，下面对这两种要素分别进行论述。

1. 信息资源

信息资源这一概念最早出现于沃罗尔科的《加拿大的信息资源》，用以指人类社会信息活动中积累起来的以信息为核心的各类信息活动要素（信息、设备、设施、信息生产者等）的集合。对于企业而言，信息资源是企业在生产、管理过程中涉及的各种生产资料的总和。企业的信息资源涉及了企业生产和经营活动全过程中使用一切信息。信息与能源、材料并称为当今世界最重要的三种资源，对于企业而言是极具战略意义的一类资源。[16]随着社会的不断发展，信息资源对人们工作、生活的影响力愈发强大，已经成了推动社会进步和经济稳定发展的重要战略资源。

对于装备生产企业信用体系而言，信息资源是重要的资源要素之一。在信用体系之中，信息资源具体是指装备生产企业的经营状况、资金运转状况、拥有的技术实力、产品状况、交易记录等等信息的集合，这些信息资源覆盖了装备生产企业经营的各个方面。通过对上述信息资源的收集和利用，能够较为全面客观地了解一个装备生产企业的整体状况，在此基础上能对该企业的信用水平进行评估，并对接下来企业的经营状况和决策选择进行预测。

信息资源主要存在两个方面的问题需要注意。

一是信息资源的收集方面。在收集信息资源的过程中要始终注重信息的真实性和及时性。信息资源的真实性是保证信息资源有效性的重要基础，失真的信息资源不仅仅会导致信息资源失效，更有可能危害整个装备生产企业信用体系；信息资源的及时性是保证信息时效的重要方面，信息仅仅真实而不能保证及时会使信息资源的真实性失去意义，信用体系中信用信息的发布和信用评级都对信息资源的及时性要求较高，不具备及时性的信息资源将使得上述两部分的工作举步维艰。一般而言，信息资源的真实性和及时性两者是呈负相关的，即真实性越高的信息资源其及时性可能越难保证，及时性越高的信息资源其真实性越难保证。因此在信息资源收集时必须要把握好信息的真实性和及时性两者的关系，使得两者达到一个相对合理的平衡状态，让信息资源具备相当真实性的同时也能够保证其及时性。

二是信息资源的处理方面。在获取了所需的信息资源之后，就需要充分挖掘、利用得到的信息资源。这就要求我们具备专业的知识和技能，从有限的信息资源中获得大量的信用信息，利用信息化的手段和方式，充分认识信息背后隐含的事实。若无法充分利用获取的信息，则会造成信息资源的浪费。

2. 人力资源

人力资源是指在一个国家或地区中，处于劳动年龄、未到劳动年龄和超过劳动年龄但具有劳动能力的人口。广义上来看，人力资源指的是一定时期内企业中的人拥有的、能够为企业运用的且能够帮助企业创造价值的能力的总称；狭义上，人力资源是指独立团体为实现其目标所需的具备一定能力的人员。[17]在信息化时代，人力资源越来越成为人们研究的热点问题，在企业中，针对人力资源管理设立了专门部门的事实就充分体现了人力资源的重要性。

在装备生产企业信用体系中，人力资源具体指的是建立装备生产企业信用体系和信用体系建成后开展运行和维护的、具有极强的专业知识技能的工作人员。此处所指的人力资源与一般人力资源的区别在于专业性和保密性两个方面。装备生产企业信用体系的人力资源必须具有相当的专业性，这是由装备生产企业信用体系自身的特点决定的。装备生产并非日常人们生活中接触较多的行业，而是一个具有极强专业性的领域，进入该行业的门槛较高，因而装备生产行业对于相关从业人员的专业性要求很严格。装备生产企业信用体系所需的人力资源不仅仅需要对信用管理有极强的专业知识，还需要掌握与装备生产相关联的知识和技能，只有这样具有跨界能力的复合型人力资源才能够满足装备生产企业信用体系的要求。以上文"信息资源"中提及的对收集到的信息资源展开分析的工作为例，这项工作就对人力资源提出了较高的要求，需要数据挖掘相关专业知识、信用评级相关专业知识和装备生产相关专业知识。因此，装备生产企业信用体系内的人力资源要素虽然与一般的人力资源类似，但是对于专业的深度和广度都有极其严格的要求，仅对一门专业有深入的研究或对多学科有较浅的了解的人员，都无法达到装备生产企业信用体系的要求。

鉴于此，我们在建立装备生产企业信用体系的同时，也需要注重培养所需的专业人才，做好人力资源的挖掘和管理，让更多、更优秀的人力资源进入到信用体系之中就职，有效地提升信用体系运行和维护的效果。

三、装备生产企业信用体系的环境要素

环境要素是指装备生产企业信用体系在运行过程中，间接对体系的高效运转提供有力支撑的要素，主要包括法律法规、国家政策和信用文化。与其他直接作用于信用体系的要素相比，环境要素主要是通过间接的方式和手段来影响信用体系，为装备生产企业信用体系的顺利运行提供了适宜的基础。

1. 法律法规

法律法规是指现行的有效的法律、行政法规、司法解释、地方法规、地方规章、部门规章及其他规范性文件，以及对于该法律法

规不时的修改和补充。法律法规是政府管理国家的工具，是经过一定的立法程序颁布的规则。法律法规通过享有立法权的立法机关（全国人民代表大会和全国人民代表大会常务委员会）行使国家立法权，依照法定程序制定、修改并颁布，并由国家强制力保证实施。法律法规作为环境要素对于装备生产企业信用体系而言主要具有以下作用。

一是法律法规具有明示作用。法律法规的明示作用是指通过法律的形式来告知装备生产企业其生产经营行为准则，明确哪些行为是合法的，哪些是非法的，以及违法者将受到何种惩罚，等等。通过制定法律法规，能够对装备生产企业的交易行为进行规范，明确界定交易的规则，有效地降低失信行为发生的概率。

二是法律法规具有预防的作用。法律法规的预防作用能够顺利发挥的基础是法律法规的明示作用已经充分发挥。在明示作用下，装备生产企业基本上能够实现知法，这样在其交易的过程中就会根据法律法规的规定来自觉地规范自身的行为，从而有效地避免因自身违法遭受惩罚而造成的损失。此外，由于名誉对于一个企业而言具有相当重要的意义，违法将会造成企业名誉上难以弥补的损失，所以这会进一步预防装备生产企业因失信而违法。

三是法律法规的校正作用。这一作用主要是利用法律法规的强制执行力来校正装备生产企业中出现的失信行为，使之回到诚信交易的轨道上。该作用主要是通过法律法规中的惩罚手段，来强制失信的企业采取相应的措施弥补因失信造成的损失，这在一定程度上能够纠正企业的失信行为，敦促其对自身行为进行改正。

四是法律法规具有社会性效应。这是指法律法规能够在一定程度上扭转社会上不正的风气，净化社会的环境。对于装备生产企业信用体系而言，法律法规的社会效应能够营造装备生产领域诚信交易的风气，为整个装备市场营造一个良好的环境，在此基础上理顺各主体要素之间的社会关系，提升整个装备生产企业信用体系的运行效率。这也是法律法规的最终目的和最根本性的作用。

2. 国家政策

政策是国家政权机关、政党组织和其他社会政治集团为了实现自己代表的阶级、阶层的利益与意志，通过权威形式或者标准化地规定，在一定的历史时期内，应该达到的奋斗目标、遵行的行动原则、完成的明确任务、实行的工作方式、采取的一般步骤和具体措施。究其根本，国家政策是阶级利益的观念化、主体化、实践化。国家出台政策是对社会直接进行管理的方式之一，表达了政府在一段时间内施政的倾向。装备生产企业信用体系要顺利地运行，国家政策的支持是必不可少的。国家针对装备生产企业信用来制定相关政策，能够表达出政府对于装备生产企业的信用状况的关注，这样会从侧面提醒装备生产企业在交易的时候更加注重诚信，提高了失信的成本。

国家政策对于装备生产企业信用体系的支持还能从多个维度给予其建立、运行和维护的动力。在建立之时，国家政策的倾斜，能够大大缩短装备生产体系建立需要的时间，也能相应地降低其建立时所需的成本。与此同时，国家政策的发布也必然会为装备生产企业信用体系引来更多的社会关注，从而吸引更多的社会资源，降低了装备生产企业信用体系建设的难度。在运行和维护的阶段，国家政策能够帮助装备生产企业信用体系规范其运行和维护行为，使得整个体系能够持续地、有序地发挥其职能。国家政策也能够对人力资源产生影响，鼓励更多优秀的人才进入装备生产企业信用体系工作或开展研究，有效地解决了新体系在初期人力资源匮乏的问题。

国家政策是国家给予装备生产企业信用体系的支持，能够有力推动信用体系的发展。政府采取该措施的好处在于帮助信用体系建设时，能够避免为自身的财政增加负担。改革开放以来的发展史告诉我们，良好的政策导向，能够在很大程度上加速一个工程甚至一个行业的发展，但政府在制定政策时需要对其开展仔细和谨慎的研究和论证，一项失败政策的颁布将会对整个经济社会造成难以弥补的损害。

3. 信用文化

信用文化是指在市场经济条件下，规范和调节人与人、人与社会、社会各经济单元之间信用关系和信用行为的基本理念。[18]对于任何一个信用体系而言，良好的信用文化将会使得信用体系的建设和运行更加容易，而科学合理的信用体系反过来又会推动信用文化的发展。从长远来看，构建具有中国特色的信用文化是社会主义市场经济持续稳定发展的需要，也是市场经济内在规定性的客观要求。信用文化的内容主要包含了信用相关的道德风俗、意识形态、价值观等。信用文化作为一类特殊的意识形态，必然会遵循一般意识形态具有的所有特征与发展规律。信用文化以节省人们为保证交易的公平付出的信息费用为目的，以直接"信用观"的形式在人们进行决策时发挥作用。信用文化并非利用契约机制来实现其保护交易公平的目标，而是通过意识形态、道德伦理、思想观念等成本较低的方式来实现这一点。

在相同的外界条件下，信用文化对不同交易者的约束力可能具有差异。这是由交易者对信用文化的理解和认识不同造成的，这样的差异不是凭空产生的，而是在接受诚信价值观内容的过程中，通过对差异的归纳与吸收而形成的。因此，为了有效解决该问题，信用文化的建设需要从伦理道德、风俗习惯、价值观念、理想信念等方面同时发力。

信用文化是装备生产企业信用体系中的重要环境要素，能够为其营造良好的建设氛围。只有具有成熟的信用文化，才能形成正确的舆论导向，将"守信光荣、失信可耻"的道德准则印入每个装备生产行业个体的心中。这样能够为建立信用体系扫除思想观念上的障碍，营造出良好的土壤，让其在这片沃土上蓬勃发展。成熟的信用文化能够让信用体系更加易于被人接受和理解，在开展体系建设工作时遇到的阻力将会大大降低。同时，信用文化的发展能够为他律和自律相结合的治理结构和机制的形成提供环境基础，这对于信用体系建设至关重要。从主观层面来看，仅依靠制度来推动企业信用水平上升还不够，必须让诚实守信的观念深入人心，才能使得守信履约成为大多数人的自觉决策方向，真正地根除行业中存在的失信问题。

在环境要素的范围内，信用文化是较为重要的要素之一，对装备生产企业信用体系的建设、运行和维护具有潜移默化的良性作用，两者顺利发展有利于信用体系的发展形成螺旋式上升的良性循环。

四、各要素之间的关系

前文介绍的主体要素、资源要素和环境要素这三大类要素对于装备生产企业信用体系是缺一不可的，它们之间是相互区别又紧密联系的，三种要素相互影响和作用是装备生产企业信用体系顺利运行的重要前提。要正确认识和厘清各要素之间的关系，才能对整个信用体系进行深入透彻的研究。

综观整个体系，不难看出，体系要素中的主体要素是支撑整个体系的骨骼，它们构成了体系的基本结构和框架，使得整个体系能够形成一个有机的整体，保证了体系的基本运行，让信用体系初具雏形。资源要素是主体要素在系统中发挥功能的抓手，相当于整个体系的肌肉，它们与主体要素之间的相互作用，使得主体要素在发挥其主观能动性时有了着力点。主体要素通过资源要素来实现自身的功能，达成体系建立的目标，完成了自身与外界的信息和资源沟通。环境要素帮助信用体系流畅运行，相当于体系的血液，为体系中的肌肉和骨骼提供所需的营养，相应的环境要素也有助于信用体系的主体要素和资源要素顺利开展各自的工作，让各个要素相互协作整合为一个有机联系的整体，更好地发挥整个体系的功能。主体要素和资源要素、主体要素和环境要素、资源要素和环境要素两两之间的相互作用和影响，使得各个要素之间产生紧密的关联，最终形成一个互相依赖、互相包含的关系。若将装备生产企业信用体系看作一个人，那么主体要素、资源要素、环境要素对应的分别是骨骼、肌肉、血液，都是人体不可缺少的关键要素。同理，完整的要素构成也是装备生产企业信用体系实现价值的最重要的前提。在各要素完备的基础上，合理地厘清各要素之间的内在联系和工作方式，能让整个信用体系更好发挥其信用管理的职能，达到体系设定的预期目标。

第四节　建立装备生产企业信用体系的 SWOT 分析

所谓 SWOT 分析，即在充分了解组织内部及外部竞争环境和竞争条件的基础上对组织发展的形势进行的分析，具体做法是全面调查与研究对象密切相关的各类信息，按照内部优势、劣势和外部的机会、威胁进行分类归集，并依照矩阵形式排列。根据所得的矩阵，用系统分析的思想，将各种因素相互结合、匹配综合进行分析，从中得出组织发展较为全面的形势结论。SWOT 分析法的优点在于能够对研究对象所处的内外部环境进行全面、系统的研究，根据结果科学地制订配套的发展战略和计划。从本质上来看，SWOT分析是将组织由内而外各个方面的条件进行罗列，有条理、有步骤地分析组织的优劣势、机会和威胁的方法。其中，优劣势主要着眼于信用体系自身和竞争对手实力的对比，而机会和威胁则是侧重于外部环境的变化对于企业可能造成的影响，但是在外部环境变化相同的条件下，不同资源禀赋的企业面临的机会和威胁可能完全不同，因此这两者又是相互紧密联系的。

开展 SWOT 分析的步骤一般为：首先，对信用体系的内外部环境进行初步的分析，选出对信用体系造成影响的关键因素；其次，在此基础上罗列出建立信用体系已经具备的优势、劣势，以及外部环境为建立信用体系提供的机会和威胁；然后，以内部环境中的优势、劣势水平为横向指标，以外部环境中的机会和威胁为纵向指标，绘制 SWOT 二维矩阵；最后，通过外部环境与内部条件的组合分析来制订合适信用体系的战略。下面按照上述步骤对建立装备生产企业信用体系开展 SWOT 分析，分析其优劣势、机遇和挑战。

一、优势

建立装备生产企业信用体系的优势指自身具有的那些有利于装备生产企业信用体系建设的特征和禀赋。对装备生产企业信用体系的特点进行分析，其优势主要可以归纳为以下三点。

一是有较为成熟的信用管理的专业基础。2008 年金融危机之后，世界各国对于信用管理相关的研究呈现爆发式的增长，信用管理的相关技术也随之飞速发展。相应地，我国国内对于信用管理的研究和实践也呈现出井喷的态势。在这样的态势下，我国关于信用管理的专业技术经过这些年的积累，已经具有了一定的基础，基本上能够满足市场所需，对任一行业、企业开展信用管理工作。以信用评级的方法为例，现在的信用评级方法已经从要素分析方法、综合分析方法、多变量信用风险判别模型法等传统的、以定性分析为主的方法过渡到了借助复杂的数学模型的、定量分析为主的评级方法，如期权定价型的破产模型、神经网络分析法、债权违约率模型和期限方法等。此外，对于少部分装备生产企业，我国近年来已经开展了具有一定成果的信用评级工作，积累了一定的信用管理的相关经验。这些研究成果和实践经验能够为装备生产企业信用体系的建设提供有效的助力，在技术上基本解决了建立信用体系的难点和问题，大大增加了建设信用体系的可行性，降低了建设的难度和成本。

二是装备生产企业有建立信用体系的意愿。上文在对政府要素进行分析时已经得出，从短期利益和理性经济人的基本假设的角度出发，装备生产企业没有主动建立装备生产企业信用体系的意愿，但是从重复博弈的长远角度来看，信用体系的建立对于装备生产企业而言具有更多的利益。因为从重复博弈的角度来看，装备生产企业若失信或没有第三方的信用担保，部队将会减少从该企业采购装备，甚至不再与其展开交易活动。有了装备生产企业信用体系作为独立第三方对装备生产企业的信用信息进行收集、处理和发布，企业将迎来更多的商机。建立信用体系能够更好地维护守信企业的利益，同时帮助装备生产企业在长期的运营中取得更多的订单，从而获得更多的利润。在这样长期利益的驱使下，装备生产企业将会具有相当强烈的意愿支持建立装备生产企业信用体系，使得整个信用体系在建立和运行过程中能获得更多的支持。

三是装备生产企业具有较高的信息化技术水平。经过改革开放后的长期发展，国内的装备生产企业基本上都已经实现了现代化、信息化的管理。不仅仅在生产工艺上采用了信息化的手段，在生产线上采用了全自动化的设备，在企业的资源管理上也使用了信息化的手段。其中，企业人力资源档案信息化管理和会计电算化就是最具代表性的两个方面。前者采用信息化的手段能够更方便地对人力资源进行统计、整理和检索，更好地利用人力资源，在最短的时间内挖掘出符合企业要求的人才，使其在合适的岗位发挥自身的能力。后者是将电子计算机和现代数据处理技术应用到会计工作中的简称，它能够减少人工记账存在的漏记、错记等问题，一定程度上规避了人员为了私利而做假账的行为。除了上述两个方面信息化技术的提升，还有现在正在研发的 AI 记账和 AI 审计等技术。装备生产企业作为国内企业中管理技术较为先进者，其管理的信息化水平相应地也具有较高的水平，在此基础上，获取装备生产企业的相关管理信息将会更加方便、准确和快捷，这样能够更好地满足装备生产企业信用体系对信息资源的准确性和及时性的要求。

二、劣势

建立装备生产企业信用体系的劣势是指信用体系自身具有的某些使得建立信用体系的条件较差的特性。下面在对建立装备生产企业信用体系的内部状况进行考察和归纳的基础上，对其存在的三点劣势进行分析。

一是装备技术的保密性难以保证。因为装备生产企业信用体系与装备密切关联，所以不可避免地会对保密性提出较高的要求。一般而言，装备生产企业的生产资料能够代表一国在国防科技发展方面较为前沿的技术，更能体现一国在国防方面的实力高低。一旦装备生产企业的生产资料或生产信息泄露，就会造成国防科技的泄露，从而使得他国能够利用这些信息采取相关措施削弱我国国防实力，对该国防技术注入的投资将会白费，多年的努力就会付之东流。装备生产企业信用体系为了能够顺利开展其工作，完成其信用管理的职能，就必须收集装备生产企业的相关资产、现金流、人力资源、生产技术等信息来分析装备生产企业的信用状况，在此过程中必然会接触到一些保密程度较高的信息，若要追求装备生产企业生产资料的保密性，则信用体系就难以开展相关工作；若要信用体系顺利地运行，企业的保密性就会降低。因此，如何做到在保证信息完整性的同时又能充分实现信用体系的职能，是建立该体系时必须要解决的问题。

二是信用评价的客观性难以把握。在装备生产企业信用体系的职能中，对于装备生产企业开展的信用评价是所有职能中较为重要的一项。信用评价就是对装备生产企业的信用状况进行一个量化的评分，让市场中的交易者能够更加直观地了解其信用状况。一般而言，信用评价通过对企业的营业状况和企业基本情况的综合分析和考虑确定相关的计算模型和方法，利用该方法对企业的信用状况进行打分。信用评价的基础建立在企业大量的交易事实和与企业贴切的模型算法之上，只有在合理的基础之上开展信用评价，才能顺利得到与企业实际情况相符合的评价结果。但是作为装备生产企业，其生产产品的特殊性和产品受众的特殊性使得装备生产企业在交易记录上数量较少，这就对信用体系履行信用评价职能造成了困难。根据统计学的一般规律，分析者所能掌握的数据越多，其分析得出的结论可靠的可能性就越大；反之，分析者所能掌握的数据越少，其分析得出的结论可靠的可能性就越小。因此，较少的交易次数为装备信用体系开展信用评价的客观性提出了较大的挑战。此外，由于装备生产企业与一般企业在交易对象和交易方式上具有一定的差别，因此适用于一般企业的信用评级方法不能直接应用于装备生产企业，需要根据装备生产企业自身的特点，制订与其实际情况相适应的信用评价模型和方法，如此方能得出与事实相符的结论。

三是寻租行为难以防止。由于装备生产行业具有技术门槛高、交易数量少但数额大、利润丰厚等特点，使得装备生产企业能够在交易过程中利用寻租等方式，通过损害国防实力来达到自身利益的最大化。装备生产企业信用体系是针对提升企业的信用状况对其采取监督行为的体系，是保证装备生产企业遵照契约履行义务的重要手段。因此，为了能够通过失信来使自身利益最大化，装备生产企业具有巨大的动力来采用各种不法手段贿赂装备生产企业信用体系的内部工作人员。通过付出小于失信成本的成本，就能够顺利利用失信来得到守约无法获得的巨额利益。寻租行为不仅仅是装备生产企业的单向行为，信用体系的工作人员同样也有动力来开展寻租行为，作为理性经济人，寻租带来的超额收益使得该行为变得更加容易发生。在该情形下，由于寻租这一信用体系自身可能出现的问题，要维持装备生产企业信用体系的独立性和公正性就变得更加困难，使得寻租问题成了建立装备生产企业信用体系的劣势之一。

三、机会

建立装备生产企业信用体系存在的机会是指能令装备生产企业在建立过程中更加容易、成本更低的外部环境因素。根据对外部环境的分析，可以得知建立装备生产企业信用体系的机会主要包括以下三点。

一是军民协同战略蓬勃发展为信用体系的建设提供了友好的环境。装备生产企业作为军民融合战略中的重要参与者和推动者，为军民融合战略的发展和实践起到了不可估量的作用。在今后继续深化军民协同发展战略的过程中，装备生产企业也将作为主要力量参与其中。在这样的环境下，为了更好地保证军民协同战略顺利开展，约束装备生产企业并规范其交易行为这一要求就呼之欲出了。装备生产企业信用体系作为规范企业行为的最为重要的抓手，赢得了各方的关注。在军民协同战略成为国内热门话题、获得大量资本投入的同时，装备生产企业信用体系也必然能够得到外部环境的支持，让其在建设过程中得到更多优质的人力资源和资金支持，有效地缩短信用体系的建设周期，降低建设难度。

二是地方信用评级机构能够给予充分的技术支持。正如上文对于环境要素的分析中指出的，我国地方信用评级机构经过长期的借鉴、学习和发展，已经发展成了能够适应我国企业特点和经济市场环境的高效可靠的信用评级组织。其中，一部分优秀的机构在全球范围内都享有盛誉。装备生产企业信用体系要发挥其信用管理、信用评价的职能，采用与企业营运特征相符合的信用评级技术。地方信用评级机构的成熟发展，能够为装备生产企业信用体系的建设提供宝贵的技术支持，不仅仅在建设之前能够设计好整个体系的构成和运行模式，建设之时能够指导体系的具体建设流程或亲自参与体系的建设，还能在建设之后在体系运行时对其进行监督和指导，保证信用体系能够满足预期的目标。此外，地方信用评级机构的发展也为我国培养了信用管理相关专业的宝贵人才，这些人才不仅具有坚实的信用管理理论基础，更具有信用评价机构的宝贵的从业经验，是装备生产企业信用体系运行维护所需的重要人力资源。

　　三是社会信用体系建设提供了良好的借鉴。为了解决我国社会主义市场经济发展过程中信用状况差的问题，解决这一影响和制约我国经济发展的突出因素，作为应对全球经济一体化和加入WTO后面临的挑战的重要手段，我国早在2014年就提出了清晰的社会信用体系建设方案，在《国务院关于印发社会信用体系建设规划纲要（2014—2020）的通知》中就明确提出了要全面推动社会信用体系建设。我国社会信用体系近年来逐步建立起来，形成了"以法制为基础，信用制度为核心，以健全信贷、纳税、合同履约、产品质量的信用记录为重点，坚持'统筹规划、分类指导，政府推动、培育市场，完善法规、严格监管，有序开放、维护安全'的原则，建立全国范围信贷机构与社会征信机构并存、服务各具特色的征信机构体系，最终形成体系完整、分工明确、运行高效、监管有力的社会信用体系基本框架和运行机制"。在此基础上，国家上线了"信用中国"网站，通过该官方渠道来收集和公布可信的信用信息。2015年6月4日，国务院常务会议决定实施法人和其他组织统一社会信用代码制度，提升社会运行效率和信用。此外，国家各个行业也开展了相应的信用体系的建设，个人信用体系也逐步完善，以使用频率极高的支付宝为例，支付宝平台就已经提供了根据用户个人的过往交易记录和信用记录来确定个人的信用积分，对信用积分较低的用户进行一部分交易限制、对信用积分较高的用户提供一些试用或免租金等服务，以此实现对于个人信用状况的监督，从侧面推动了我国社会信用体系的建设。社会信用体系建设的经验对于装备生产企业信用体系而言具有一定程度的借鉴性，能够有效帮助装备生产企业信用体系在建立的过程中避免出现方向性的错误，同时显著降低信用体系建设的成本，减少体系建设的试错成本。

四、威胁

建立装备生产企业信用体系的威胁是指外部环境中对信用体系建设造成困难或阻碍的要素，根据初步的分析，可以得知该类要素主要包括以下三点。

一是信用管理专业人才匮乏。由于我国信用管理领域的理论研究和实践研究相对于西方发达国家都起步较晚，因此整个行业中的从业人员主要存在两个方面的问题：一是具有信用管理专业素养的人力资源较为贫乏；二是从业人员的专业能力水平有待提高。前者是因为我国对于信用管理专业的学科建设和宣传方面的力度不足，整个学科不能及时地吸引更多优秀人才来推动整个学科的发展和建设，在一定程度上造成了人力资源的缺乏；后者则是我国信用管理专业领域的研究深度还有待加强，需要国内研究者在借鉴外国前沿的科研成果的同时，结合我国的社会主义市场经济发展的具体情况，不断加深我国国内信用管理专业的研究深度。信用管理专业人才数量少，造成了"巧妇难为无米之炊"的情形，使得装备生产企业信用体系建立的过程举步维艰，并且对其后的运行和维护也造成了巨大的阻碍。若为了保证信用体系的基本职能进行妥协，启用专业素养较为平庸的人员来担任相应的岗位又会大大降低整个体系的可靠性。总体来说，信用管理专业人才的匮乏是顺利建立装备生产企业信用体系的重要威胁之一。

二是信用文化尚未普及。虽然我国自古素有对诚信美德的歌颂，也有诸如"一诺千金"这样的成语表达出诚信这一美德的宝贵，但是由于近代我国社会经济发展相比西方发达国家起步较晚、速度较慢，因此在现代信用文化的建设上落于下风。信用文化在我国尚未普及这一情况，使得社会对于装备生产企业信用体系的认识较为简单，无法从更深的层次认识到信用体系建立对于我国装备生产行业的重要意义。因此，社会对于建立装备生产企业信用体系的热情较低，社会资源也不会自发地流入建立信用体系的项目之中。在这样的状况下，信用体系建设和运行的阻力将会成倍增加，大幅降低信用体系运行的效率，甚至使信用体系难以发挥应有的作用。

三是缺少针对性的法规进行规范。虽然我国的国防实力与经济实力齐头并进，但是不难发现有一小部分企业或个人利用领域缺乏相关法规监管，攫取资金或政策便利来满足自己的私欲，造成了国家经济和国防实力的损失。因此，在缺乏法律法规规范的环境中建设和运行装备生产企业信用体系，必然会有一些动力不良的人利用环境中的漏洞来获得利益，在一定程度上造成恶劣的社会影响，甚至使整个信用体系瘫痪。缺少针对性的法规主要会为信用体系的建设和规范带来两个方面的隐患：一是无法对装备生产企业的行为进行规范，使得信用体系在建立初期职能、关系尚未理顺之时无法及时地发挥作用；二是无法规范信用体系的职能，容易造成在信用体系内任职的相关人员为了个人利益开展寻租行为。

五、SWOT 分析的结论以及对策建议

通过前文中对建立装备生产企业信用体系的优势、劣势、机会和威胁四个方面的要素开展的分析，以优势、劣势为水平横向指标，以机会和威胁为纵向指标，绘制 SWOT 二维矩阵，如表 2-1。

SWOT 因素矩阵分析可以使我们更加直观地了解建立装备生产企业信用体系的内外部因素及其影响。SWOT 分析不是一项静态的分析，而是随着项目的变化和进度不断调整和改变的分析方法，因此在策略选择上，要从建设前期、中前期、中后期和后期分别进行分析。

表2-1　建立装备生产企业信用体系 SWOT 因素矩阵框架

	内部优势（S）	内部劣势（W）
	1. 良好的信用管理的专业基础 2. 装备生产企业有建立信用体系的意愿 3. 装备生产企业具有较高的信息化技术水平	1. 保密性难以保证 2. 信用评价的客观性难以把握 3. 寻租行为难以防止
外部机会（O） 1. 军民协同战略蓬勃发展为信用体系的建设提供了友好的环境 2. 地方信用评级机构能够给予充分的技术支持 3. 社会信用体系建设提供了良好的借鉴	SO 战略 依靠内部优势 利用外部机会	WO 战略 利用外部机会 克服内部劣势
外部威胁（T） 1. 信用管理专业人才较少 2. 信用文化尚未普及 3. 缺少针对性的法规进行规范	ST 战略 依靠内部优势 回避外部威胁	WT 战略 减少内部劣势 回避外部威胁

　　鉴于装备生产企业信用体系是一个全新的项目，就目前而言并没有可以完全借鉴和学习的相似的项目，所以建设装备生产企业信用体系的前期是一个摸索和试错的过程，这个过程必然会遇到诸多困难。因此，在信用体系建立前期必须充分发挥内外部的有利因素形成合力，用巨大的推动力来推动信用体系的建设向前发展。在此时期的策略选择上应该选择 SO 战略，即依靠内部优势的同时利用外部机会，该进攻性的战略能够更好地解决装备生产企业信用体系在建立初期遇到的困难。

　　在信用体系建设的中前期，信用体系虽然基本初具雏形，但是仍有许多方面需要进行细化，因此依然需要依靠内部的优势继续推动体系建设。与此同时，外部的威胁对于信用体系建设造成的困难逐步凸显出来。外部威胁属于外部环境中存在的问题，解决这类问题不能靠一朝一夕之功，而是需要一个长期的过程。因此，我们需要在中前期就针对威胁制定相应的解决方案。以人力资源的匮乏为例，解决这一问题需要对人力资源开展专业的培养，而这个培养的周期根据专业性的强弱而变化，专业性越强的人力资源培养周期越长，反之则越短。在此基础上，要解决人力资源匮乏的问题，就必须在体系建立的中前期就开始进行人力资源培养的规划，否则在信用体系需要专业人才的时候再去培养就会大大降低信用体系建立的效率。根据上述分析，可以得知，在装备生产企业信用体系建立的中前期需要采取 ST 战略，即依靠内部优势的同时回避外部威胁。

在信用体系建立的中后期，信用体系的基本框架和结构已经形成，并且能够实现部分职能，此时信用体系的内部优势对于其建设而言的推动力虽然依旧存在，但却不如之前大，其劣势在此时造成的阻力却更加明显，需要我们克服，而外部环境对于信用体系的建设的推动力需要我们更好地利用，以作为内部优势的补充。因此，在装备生产企业信用体系建设的中后期需要采取 WO 战略，利用外部环境为信用体系提供发展机会，同时克服建立信用体系过程中内部存在的劣势。

当信用体系已经完成了建设后，内部和外部的优势对于信用体系建设的推动力都已经不能对信用体系建设造成较大的影响，而内外部的劣势却是信用体系在建设的最后阶段需要解决的主要问题，需要为建成后的装备生产企业信用体系提供一个良好的运行环境。因此，在信用体系建设的后期需要采用防御性的 WT 战略，即减少内部劣势，回避外部威胁。

第三章

装备生产企业的信用现状

装备生产企业信用体系要实现提升装备生产企业信用水平的目标，就必须了解装备生产企业当前在信用方面的状况，认识其信用水平，发现装备生产企业在信用方面存在的问题，并对问题进行深入的剖析探寻其根源。只有通过这一严密的步骤，才能合理地确定装备生产企业信用体系的基本内容。本章对装备生产企业信用基本情况和失信行为的主要表现进行了说明，并针对失信行为开展了博弈分析，深入研究其产生的根源，为接下来装备生产企业信用体系的研究奠定了基础。

第一节 装备生产企业的信用状况

装备生产企业作为向部队输送装备的最主要、最重要的途径之一，其信用状况是决定我国国防投入产出比例高低的重要指标之一。此处所指的装备生产企业信用状况，是在以装备生产企业为主体的各类经济活动中，当事人履行各种经济承诺的具体情况。装备生产企业由军工企业、民参军企业和部分科研院所三个部分构成，为了对装备生产企业的信用状况进行条理清晰和详细的说明，我们分别对上述三者的信用状况进行简要概述。

军工企业中军工集团是最为典型的代表,通过国家中小企业发展基金旗下的"天眼查"数据库可以了解到,这些企业都是国务院国有资产监督管理委员会百分百持股的。截至 2019 年 7 月 17 日,根据国内相关网站检索及"天眼查"数据库提供的信用报告结果,均不存在相关失信信息、行政处罚、股权出质、动产抵押、欠税公告、经营异常和严重违法的情况(不排除因信息公开来源尚未公开、公开形式存在差异等情况导致的信息与客观事实不完全一致的情形)。与该企业相关的诉讼有 11 起,皆为民事诉讼,总体而言该企业的信用状况良好,无失信记录。根据在"天眼查"数据库中对这些军工企业的具体情况进行搜索的结果,可以确定军工企业普遍信用状况良好,不存在失信的情况。

民参军企业由于数量大且变动频繁,因此对其信用状况开展研究的过程较为困难,其信用状况难以翔实掌握,从而导致该类企业的失信成本较低,信用风险较高。此外,民参军企业持股人员皆是地方人员,其运营和盈利都是依靠社会资本,相比于国务院国有资产监督管理委员会持股的军工企业,市场经济的波动会对其造成巨大的影响,在经济不景气的巨大压力、失信成本低、失信收益高三方合力的推动之下,企业更容易采取失信的行为。根据以往部队购买装备的情况来看,剔除掉军工企业和部分科研院所的部分,民参军企业的信用状况在总体上情况较好,但是仍有一部分企业存在失信行为,例如某部野战卫生营在厂家定制购买了野战医疗方舱并签订了相关的维护维修合同,此后不久该企业突然破产倒闭,使得装备后期的维护维修难以开展,装备无法按照预期发挥作用。这类失信行为虽然少,但是由于装备基本都造价不菲,一旦发生失信行为就会对我国的国防力量造成难以估量的损害,因而需要对民参军企业的交易行为和履约行为进行进一步的规范和监督。

部分科研院所作为装备生产企业中的补充力量，具有数量少、占比低的特点。我国科研院所一般而言都是隶属于政府或高校，因此其经费也主要来源于政府部门的财政预算或高校的科研经费。在资金流稳定、公共部门背书的情况之下，科研院所的信用水平理论上通常处于良好的状况，基本上无失信记录或不良交易记录。

综上所述，装备生产企业整体的信用水平较为良好，但是因为装备生产行业的特殊性使得行业内仍然存在一定数量的失信事故。我们需要对这些失信行为发生的原因进行分类，展开分析，并据此建立装备生产企业信用体系来进行信用管理，提升整个行业的信用水平。

第二节　装备生产企业失信行为主要表现

为了更好地认识装备生产企业失信行为，需要对其表现进行分类，并对不同类型的失信行为的影响展开分析，以便对失信行为实施进一步的剖析，充分认识失信行为的特点，为失信原因的分析提供坚实的基础。根据上文中对于信用的定义，我们可以得知失信行为是指在以装备生产企业为主体的各类经济活动中，当事人未能履行各种经济承诺的行为。结合装备生产企业失信行为的定义及其主要表现可以将失信行为分为产品质量不合格、产品延期交付和产品售后质量低下三类。下面对三者进行具体分析。

一、产品质量不合格

产品质量不合格是装备生产企业失信行为中最为明显且最容易

被识别的一类。产品的质量不合格主要表现为产品在用途、功能、外观等方面与签订的合同标的不一致，造成了买方损失。具体而言，就是装备生产企业为了压缩成本获得超额利润，生产的装备不符合部队的要求。装备是用于作战的重要工具，装备质量的好坏直接决定装备使用者在战场上生存与否，正如部队中常说的"枪就是军人的第二生命"，精良的装备是保证战斗人员正常发挥战斗力的重要基础。因此，需要严把装备的质量关卡。与一般的产品只要保证产品的主要功能的要求相比，装备对于质量的要求更高、更苛刻。质量就是生命，质量就是胜算。装备出了质量问题是要付出血的代价的，是要打败仗的。因此，装备的产品质量不合格会对我国的国防实力造成巨大的负面影响。产品质量不合格对部队造成的影响主要包括以下三点。

一是降低了部队整体战斗力。战斗人员的素质和装备的水平是决定部队战斗力水平的重要因素，高水平的装备与高素质的军人相结合才能够形成高水平的战斗力。在部队采购装备时，企业失信造成装备质量不合格，相当于降低了装备的水平，从而造成部队在执行任务的时候战斗力低下，很可能无法按照预定的方案完成任务。从大的角度来看，装备生产企业的失信会造成我国国防实力降低，大幅削弱我国在世界上的综合影响力。

二是造成国防投资的浪费。装备生产企业失信导致产品质量不合格，相当于部队耗费的财力未能够按照约定的合同转化为与之相符合的收益。从经济学的角度而言，部队作为装备的购买者，其投资收益在投资额度不变的情况下降低了，表明整个国防投资出现了浪费，即未能利用一定量的国防财政支出来获得相应的战斗力。因为装备方面的国防投资是维持部队履行基本职能的必要部分，而一国对于国防方面的资源投入是有限度的，所以一旦装备方面的投资发生浪费，为了保证部队能够正常运转、完成任务，就必然在其他方面压缩资源投入，以满足装备方面的需求。这样的做法虽然能够弥补因装备生产企业失信造成的严重后果，但是却会对整个国防资源分配体系造成短期内难以消弭的影响。

三是间接造成减员。装备生产企业交付的产品质量不合格，若在交付时能够及时发现，则部队能够在一定程度上挽回损失。然而，装备购买数量的庞大或性能的难以检验，使得在交付之时可能无法及时发现其存在的质量问题，从而使一部分质量不合格的装备配发到作战人员的手中。装备存在的问题作战时会充分暴露出来，突然发生的事故即便没有造成战斗人员的直接伤亡，也会使作战人员短时间内失去战斗力。

二、产品延期交付

产品延期交付是指装备生产企业未能按照合同中约定的时间交付产品。在该类失信行为的表现中，虽然装备生产企业按照规定交付了与合同标的质量相符的产品，但是未按约定的时间履行交付产品的义务，因此也是企业失信的表现之一。除特殊情况，对于一般企业而言，未能按照采购时约定的时间获取所需的物资，仅会对其生产经营造成较为轻微的影响。但是部队的职能及其履行职能的方式决定了采购的装备延期交付将会造成不可估量的影响，根据装备延期交付时部队所处的时期和状态，可以将影响分为平时和战时两种类别。

一是战时贻误战机。当部队处于战时，装备的采购是为了及时地应用于作战，因此装备能够按照预定的计划及时送达相应的部队并立刻发挥作用十分重要。战机是指适合用兵作战的有利时机，通常而言战机稍纵即逝。从古至今，因贻误战机而导致战争失利的例子比比皆是，可以说战场上掌握了战机的一方就是取得战斗主动权的一方。装备生产企业拖延产品交付的时间，会使部队无法按照预定的计划取得装备，造成部队战斗力的真空期。在真空期内，我军无法开展有力的进攻或防御部署，倘若在此期间出现战机也无法充分利用。

二是平时拖慢军队建设的进度。在平时，装备生产企业未能按时交付部队采购的装备，会造成军队建设的进度被拖慢，打乱军队现代化建设的进程。生产装备采用的技术水平先进体现了我国国防科技发展的进步，是国家安全和民族复兴的重要支撑。部队在平时要开展建设，就必然需要进行相应的训练。在信息化条件下，装备技术含量越来越高，这就要求各军兵种之间的关联度、耦合度不断提高才能满足现代化战争的要求。现代化的先进装备只有经常在贴近实战环境中训练和使用，才能在实战中更好地协调装备和战斗人员的关系，让两者在形成战斗力的过程实现"1＋1＞2"的效果。此外，装备按照人员实力和各作战部队的职能进行装配，让部队能够在平时顺利配备更加先进的装备是军队建设的重要工作。装备是开展部队建设工作的重中之重，部队不能从装备生产企业按时获取装备造成的影响除了上述两个方面，还会对平时部队建设其他各个方面造成严重的阻碍。

三、产品售后质量低下

产品售后是在产品交付之后企业提供的各种服务活动，主要包括代为消费者安装、调试产品、进行有关使用等方面的技术指导、保证维修零配件的供应、负责维修服务并提供定期维护和保养、为消费者提供定期电话回访或上门回访、对产品实行"三包（包修、包换、包退）"、处理消费者来信来访及电话投诉意见并解答消费者的咨询等。对于一般企业而言，其生产的产品售后质量的优劣很大程度上影响消费者的购买意愿。在消费者选购商品时，商品的售后质量能够使顾客摆脱疑虑、摇摆的心态，下定决心购买商品。在竞争激烈的市场经济中，随着消费者的维权意识和消费观念的改变，消费者在选购商品时关注的焦点不仅仅放在产品本身，与产品相匹配的售后质量也是重要的考察方面。在质量和性能相差不大的两件产品之间，售后质量更好的产品将更加获得消费者的青睐。装备作为一种特殊的产品，具有高度的专业性，这使得装备必须有专业的人士对其展开维护和维修，才能保证装备能够拥有相对更长的服役年限并在服役期间能够充分发挥装备的功能。因此，与之相配套的售后服务成为如何选购装备的重要参考指标。产品售后质量低下，主要会造成以下两个方面的影响。

一是产品实际服役年限减少。部队在购买装备时，都会就将其服役年限或使用寿命纳入考虑的范围之内。在估算装备服役年限时，一般是根据装备自然老化、更新换代等因素来估算的，未将意外突发事故考虑在内。购买装备之后，装备在平时训练或战时作战过程中因意外发生故障时，若装备生产企业不能及时提供合理的售后服务就会造成装备的报废，使得装备的实际寿命大大低于购买之前对于装备的预估使用寿命。装备的售后服务质量低下，使得武器无法得到定期的维护和保养来保证装备在预定的服役期限内顺利地发挥作用，使装备无法按照预定的方案服役相对较长的时间，造成装备过早地淘汰、报废。上文中某野战卫生营购买的野战医疗方舱，在使用过程中出现了故障却无法及时得到售后的事故并不是特例。综观部队与装备生产企业近年来的交易，不难发现因企业售后质量低下，使得产品过早退役、报废的情况屡有发生。

二是被迫增加更多的国防投资。装备的售后质量低下，使得部队购买的装备发生故障时面临着两难选择：一是直接淘汰装备，二是花费额外的资金对装备进行维修。为了让购买装备时投入的成本不成为沉没成本，部队一般会选择后者，即对装备进行维修，这必然会导致国家需要在装备的维护和保养上花费更多资金，在一定程度上增加了国防投资，加重了国家财政的负担。此外，在市场交易中，购买产品付出的对价是包括了产品本身以及其配套服务的，部队购买装备并未得到与之配套的售后服务，这使得部队支付的对价高于其获得的产品和服务的总价值从而形成高额的溢价。因此，从购买行为本身来看，部队在购买失信企业的产品之时，因为溢价的缘故，就已经增加了国防支出。

第三节 装备生产企业失信行为的博弈分析

博弈是二人在平等的对局中各自根据对方的策略变换自己的对抗策略，以图取胜或达成某目标的行为。我国古代就已有博弈的思想，以《孙子兵法》为代表的一批古代著作就体现了我国最早的博弈理论。最初之时，博弈的主要研究对象是棋类、牌类等智力对抗游戏中的胜负问题，发展至今，它已然成为现代数学的一个新分支，也是运筹学的一个重要学科。现代博弈论主要研究的是公式化的激励结构间的相互作用和具有斗争或竞争性质现象的数学理论和方法，其主要研究内容是对博弈中的个体的实际行为进行预测分析，并进一步提出优化对方的策略。博弈论已经成为经济学的标准分析工具，并且在生物学、国际关系、军事战略等多个学科均有相当广泛的运用。

装备生产行业中开展交易行为的主体主要包括作为供应方的装

备生产企业和作为需求方的部队。两者的交易过程实际上可以去掉诸多其他因素，简化为双方围绕着自身利益最大化而展开的激烈博弈。通过对该博弈过程的分析，就能够从更深的层次挖掘装备生产企业选择失信的动因，便于我们针对该原因来指导对装备生产企业信用体系的深入研究。

在对装备生产企业失信行为展开博弈分析时，采用的步骤依次为明确外部环境、提出假设条件、双方非合作博弈、强化失信惩戒条件下的企业失信行为混合博弈分析、基于 KMRW 声誉模型的博弈分析和失信行为原因分析。下面将按照该步骤，对装备生产企业失信行为进行分析。

一、装备生产企业的外部环境

在对装备生产企业失信行为开展博弈分析之前，首先要对其所处的外部环境进行分析，让我们在博弈分析的过程中充分考虑外部环境的影响，得出更加合理和科学的结论。根据对于装备生产企业外部环境的了解，可以将其特点归纳为以下几点。

一是装备生产行业信用环境不佳，信息不对称问题异常突出。一方面，我国社会信用体系虽然已经初具雏形，但是在结构上仍然有所欠缺，与之相匹配的个人征信体系更加落后。现在信用中国网站已经上线，但是在信用中国上搜索相关企业的信用信息并不能得到翔实可用的结果。此外，网站信息的数据基本上是来源于央行的征信数据库，范围较为狭窄，不能对企业的信用状况进行实时的更新。鉴于上述原因，装备生产企业作为一个技术含量高、保密程度高且行业门槛高的"三高"企业，在现有的社会信用环境中，获取其信用信息十分困难，即使能够获取到相关的信用信息，其真实性、及时性也无从考证。另一方面，装备生产行业缺乏诚信制度建设。我国军民协同战略尚处于推进之中，一部分相关的制度体系还处于空白，专门对装备生产企业交易行为进行信用约束的制度尚未完善。这样就造成了装备生产企业的失信行为无法受到有效的惩戒和追索，从而进一步导致装备生产企业在信息不对称的情况下采取机会主义的策略来获取利益。

二是部队采购人员对于装备生产相关知识的储备较为匮乏，对交易风险没有充分认知的能力。在我国社会主义市场经济的大环境下，部队和装备生产企业在作为独立个体开展自主交易过程中，由于装备生产企业的"三高"特性与采购人员在认知和时间上的局限性，部队采购人员无法对需要采购的装备进行全面的了解。因此，部队采购人员在一定条件下难免会采取一些非理性的行为，引发一定的风险问题。此外，采购人员对于采购的装备及相关企业的认识不够充分，可能在对于交易风险有全面了解前就开展了采购行为，这无疑提高了部队交易行为中失信风险发生的概率，也隐性鼓励了装备生产企业利用该空当获取失信利益。

三是装备生产行业缺乏针对性的法律规章和政府监管机构。在我国社会主义市场经济建设过程中，一直采取与一般企业相同的法律法规对装备生产企业进行规范和监管。但是装备企业的特殊性导致存在不少的监管盲区，市场中可依据的法律法规又较少，加上缺乏及时且有效的失信行为记录查询途径，导致了装备生产企业的失信成本较低，信用风险较高。装备生产企业发展的实际情况已经迫使政府不得不制定相关的法律法规、建立专门的监管机构来对装备生产企业的各项交易行为进行规范。因此，要针对装备生产行业较为突出的失信行为推进相关立法，通过结合法律的规范性和引领性作用，明确装备生产企业的法律权利义务，让信用管理变成更加具有权威性、激励性、约束性的刚性规定，以此来完善守信激励机制和失信惩戒机制。

总体上，对装备生产企业外部环境的分析结果表明，装备生产行业现阶段无信用体系，整体信用环境较差，市场信息存在严重的不对称，导致装备生产企业的失信行为时有发生。

二、提出假设条件

在开展博弈分析之前，需要提出相关的假设条件，对各项因素进行限定，有效地控制变量，排除其他因素对于分析过程的干扰，使博弈分析更加严谨。

一是装备生产行业存在的博弈主体有且仅有两个：一个是装备生产企业，是占据信息优势的一方；另一个是部队，是信息弱势的一方。

二是装备生产企业作为经济人，以自身利益的最大化为目标，采取的策略集合为（守信，失信），采取守信策略的收益为 R，采取失信策略的收益为 r，根据装备生产行业的一般情况可以得知 $r \geqslant R$，守信和失信行为策略采取的概率分别为 p 和 $1-p$，$0 \leqslant p \leqslant 1$。

三是装备生产行业不存在信用体系。对失信行为的惩戒成本能够有效地反映信用水平，惩戒成本主要通过道德、法律和约束机制来体现，失信惩戒成本记为 C。

四是部队采购人员是有限理性的，在理论上属于风险规避者，能够根据自身的需求和自身对于产品的了解（采购人员的主观了解，可能存在了解不完全、不及时或完全错误的情况）来进行决策选择是否购买装备。在此规定，部队购买装备付出的对价为 Q，获得期望收益即战斗力提升的收益为 i，不购买装备的收益为 0，购买装备和不购买装备的概率分别为 q 和 "$1-q$"，$0 \leqslant q \leqslant 1$。

三、装备生产企业和部队的非合作博弈分析

首先对无装备生产企业信用体系监管的企业和部队（不考虑失信惩戒成本的问题）双方的非合作博弈情况开展分析。装备生产企业和部队在无针对性信用体系管理下的市场经济环境中，存在着较为严重的信息不对称的情况。博弈策略可以分为两个阶段，第一阶段部队根据自身了解到的信息，选择是否购买装备；第二阶段，在部队做出是否购买的选择之后，装备生产企业选择失信还是守信。部队和装备生产企业非合作博弈的支付矩阵如表 3-1 所示。

表 3-1　部队和装备生产企业非合作博弈支付矩阵

博弈方		装备生产企业	
		守信	失信
部队	购买	i, R	$-Q$, r
	不购买	0, 0	0, 0

由表 3-1 可以得知，因为 $r \geq R$，即在相同情况下装备失信收益都是大于等于守信的收益，所以在此状况下，装备生产企业作为信息优势方，在信息不对称的情况下，必然倾向于选择失信，失信是装备生产企业的占优策略，其收益是最大的，而根据反向归纳策略可以得知，在此状况下，部队会选择不购买作为占优策略。最终会得到的结果是，由于信息不对称的存在，装备生产企业总是选择失信行为，部队则会采取不购买装备的策略来防止企业失信行为带来的损失，导致整个装备生产行业市场无效。

前文中对部队采购人员的假设是在有限理性的条件下，装备生产企业会利用该条件，制造虚假的信息，诱导部队采购自己生产的装备，加重了信息不对称的程度，最终达到（$-Q$, r）的收益集合，使得装备生产企业的失信行为给部队带来更加严重的损失。

四、强化失信惩戒条件下装备生产企业失信行为混合博弈分析

现对存在失信惩戒成本状况下的装备生产企业和部队两者的混合博弈展开分析，在此条件下，若装备生产企业一旦出现失信行为，就会对其失信行为采取惩戒措施，失信惩戒的成本为 C，即装备生产企业在失信时将会受到 C 的收益减免，同时为了执行该惩戒部队需要承担 C 的成本。强化失信惩戒条件下的装备生产企业和部队混合博弈的支付矩阵如表 3 - 2 所示。

表 3 - 2　强化失信惩戒条件下装备生产企业和部队混合博弈支付矩阵

博弈方		装备生产企业	
		守信（q）	失信（$1-q$）
部队	购买（p）	$i-c$, R	$-Q-C$, $r-C$
	不购买（$1-p$）	0, 0	0, 0

由上述支付矩阵可以计算出，部队的预期收益为：

$$U_1 = p[q(i-c) + (1-q)(-Q-C)] \qquad (3.1)$$

装备生产企业所获得的期望效用为：

$$U_2 = p[qR + (1-q)(r-C)] \qquad (3.2)$$

因为在部队选择不购买的情况下，装备生产企业无论作何选择其收益都是 0，所以仅需对部队在购买的条件下装备守信和失信的收益展开分析即可知道其最优策略。在 $R \geqslant r-C$ 时，装备生产企业必然选择守信策略；而在 $R \leqslant r-C$ 时，企业必然选择失信策略。因为之前已经对 R 和 r 进行了规定，所以对于失信行为的惩戒成本 C 就是决定装备生产企业是否守信的关键因素。通过前面的分析可以知道，只要失信惩戒成本 C 比失信行为获得的超额收益高，即 $C \geqslant r-R$ 时，装备生产企业就会选择守信，因此强化失信惩戒条件下的双方

博弈中失信惩戒成本是决定装备生产企业行为的重要因素。

对部队在此混合博弈中的纳什均衡求解得：

$$q^* = \frac{Q + C}{i + Q} \tag{3.3}$$

从该结果中可以得知，在惩戒成本越大的情况下，装备失信造成部队损失 Q 和守信时部队收益 i 不变，部队选择购买装备的概率 q^* 更大。

综合上述分析，可以得出以下两点结论。

一是决定装备生产企业是否采取失信行为主要有两个因素，一个是失信惩戒成本，一个是装备生产企业守信行为的收益。因此要约束装备生产企业的交易行为就必须从上述两个方面着手，不仅要提高失信惩戒成本，同时也要提高装备生产企业守信获得的收益。

二是当装备生产企业存在较高的失信收益时，相应地其守信收益就会更小，在此时失信惩戒成本超过失信收益就会促使装备生产企业退出交易，造成市场无效。因此，在市场信用环境整体较差之时，失信惩戒成本只能起到有限的作用。

五、基于 KMRW 声誉模型的装备生产企业失信行为博弈分析

上述关于装备生产企业失信行为在强化失信惩戒成本条件下的博弈分析，虽然考虑了在信用体系监管下企业行为的选择，但是并未充分考虑到企业声誉等其他因素对企业行为的影响。

原因如下。

（1）装备生产企业和部队开展交易并不是单次博弈，而是重复博弈。

（2）在博弈过程中因为部队采购人员对于装备相关参数认识不

全面，所以企业的声誉对于部队是否选择购买装备相比于一般企业的交易具有更大的影响。

因此，在此选择 KMRW 声誉模型对双方的博弈行为展开分析。KMRW 声誉模型即"克雷普斯－米尔格罗姆－罗伯茨－威尔逊声誉模型"，是博弈论中经典的模型，主要针对不完全信息重复博弈中的合作行为展开分析。

基本假设如下。

（1）装备生产企业的个人声誉为 R，且只能取两个值 0 和 1，当 $R=0$ 时，表示高声誉，$R=1$ 时，表示低声誉。

（2）装备生产企业采取失信行为的概率为 $x(0 \leqslant x \leqslant 1)$。

（3）x_m 为部队预期装备生产企业采取失信行为的概率。

（4）β 为装备生产企业采取失信行为被发现的概率。

（5）装备生产企业与一般生产企业类似，是风险厌恶者。

因为博弈过程中装备生产企业决策结果只有两个，分别为失信和守信，所以其收益函数相应由失信和守信两个部分构成。当装备生产企业采取失信策略时，能够获得的收益为 $R \times B[(1-\beta)x - x_m]$，其中 B 表示收益系数 $(B>0)$，B 越大代表着企业采取失信策略获得的收益越高；在装备生产企业选择失信行为的同时，也需要付出相应的代价，如声誉低，未来合作机会减少等，在此用 $\theta(x)$ 来表示。$\theta(x)$ 是一个关于 x 的函数，并且假设满足下列性质：$\theta(x) \geqslant 0$；$\theta'(x)>0$；$\theta''(x)>0$。该假设的现实意义在于企业失信必然会付出代价，付出代价的程度随着失信概率的上升而增加，且增加幅度随着失信概率的上升而增大。根据上述假设，我们可以得出装备生产企业单阶段的效用函数为：

$$U = R \times B[(1-\beta)x - x_m] - \theta(x) \tag{3.4}$$

在此博弈中，因为之前假设的条件中 $\theta(x) \geqslant 0$，所以并未将企业守信行为受到激励的情况考虑在内，但是从经济学角度来看，装备生产企业失信之时的机会成本就是守信激励，因此在整体上对于两者的博弈分析并不会造成影响。

从式（3.4）中可以看到，当 $R=0$ 时，$U=-\theta(x)$，装备生产企业为了效用最大化，会选择 $x=0$ 的状况，因此可知声誉高的装备生产企业决不会采取失信的策略。此外，当 $R=1$ 时，$U=R[(1-\beta)x-x_m]-\theta(x)$。不难发现，影响低声誉装备生产企业的失信收益的要素包括失信成本、部队预期企业失信概率、失信行为被发现的概率相关。为了实现自身收益最大化，低声誉企业会根据各要素的实际情况来确定采取失信行为的概率 x。

下面先就声誉对装备生产企业行为选择的影响展开单阶段博弈分析。

命题1：如果 $U=R\times B[(1-\beta)x^*-x_m]-\theta(x^*)>0$，装备生产企业选择低声誉，采取失信行为概率为 x^*，可以实现收益最大化，否则，装备生产企业的最优选择就是遵守信用，此时企业的效用为0。

证明：如果装备生产企业采取失信的低声誉的行为 $x(x>0)$，则其效用函数就变成 $U=B[(1-\beta)x-x_m]-\theta(x)$。

令 $\dfrac{\partial U}{\partial x}=0$ 时，可得 $\theta'(x)=B(1-\beta)$，解之得 x^*。又因为 $\dfrac{\partial^2 U}{\partial x^2}=-\theta''(x)<0$，由此可知，当 $x=x^*$ 时，U 取最大值 $B[(1-\beta)x^*-x_m]-\theta(x^*)$。

如果装备生产企业选择声誉较高的行为 $x(x=0)$，此时 $R=0$，其效用函数变为 $U=-\theta(x)=0$。根据 $U=B[(1-\beta)x-x_m]-\theta(x)$ 可以得出命题2。

命题2：提高部队对低声誉装备生产企业失信行为发生概率 x^* 的预期，加大监督力度 β，降低收益预期 B 或者提高装备生产企业失信

成本 $\theta(x)$，都可以提升装备生产企业的声誉并防止失信行为的发生。

从命题2中可以了解到，$\theta(x)$ 增加能够有效防止失信行为发生，其现实意义在于加大对装备生产企业失信行为的惩罚力度，能够让其失信之时付出代价，其本质在于提高企业的失信成本。由此可知，失信惩戒机制对于声誉机制要顺利发挥作用必须要有完善的失信惩戒机制作为支撑。

在此基础上，我们对其开展多阶段重复博弈。因为博弈阶段只要大于两期就能够得到与多期博弈分析相同的结果，所以为了便于分析，在研究时我们假设该博弈过程只有两期。

假设装备生产企业为高声誉即 $R=0$ 时，其先验概率为 $p(R=0)=\alpha_0$，则当企业为低声誉即 $R=1$ 时其先验概率为 $p(R=1)=1-\alpha_0$。部队认为高声誉企业是低声誉企业假装而成的概率为 μ_t，在完全信息的条件下 $\omega_t=\mu_t$。

如果装备生产企业在 $t-1$ 阶段没有隐藏行为，根据贝叶斯法则我们可以得出在 t 阶段部队认为该装备生产企业是高声誉的后验概率为：

$$\alpha_t = p(R=0 \mid x_{t-1}=0)$$

$$= \frac{p(x_{t-1}=0 \mid R=0)p(R=0)}{p(x_{t-1}=0 \mid R=0)p(R=0) + p(x_{t-1}=0 \mid R=1)p(R=1)}$$

$$= \frac{\alpha_{t-1}}{\alpha_{t-1} + \mu_t \times (1-\alpha_{t-1})} \tag{3.5}$$

又 $\mu_{t-1}<1$，可知 $\alpha_t > \alpha_{t-1}$。

如果装备生产企业在 $t-1$ 阶段存在隐藏行为且未被部队发现，根据贝叶斯法则，可得在 t 阶段，部队认为企业为高声誉者的后验概率为：

$$\alpha_t = (1-\beta) \times p(R=0 \mid x_{t-1} \neq 0)$$

$$= \frac{(1-\beta) \times p(x_{t-1} \neq 0 \mid R=0) p(R=0)}{p(x_{t-1} \neq 0 \mid R=0) p(R=0) + p(x_{t-1} \neq 0 \mid R=1) p(R=1)}$$

$$= \frac{(1-\beta) \alpha_{t-1}}{\alpha_{t-1} + \mu_t \times (1 - \alpha_{t-1})} \qquad (3.6)$$

如果企业在 $t-1$ 阶段存在隐藏行为且被部队发现，根据贝叶斯法则，在 t 阶段，部队认为其为高声誉者的后验概率为：

$$\alpha_t = \beta \times p(R=0 \mid x_{t-1} \neq 0)$$

$$= \frac{\beta \times p(x_{t-1} \neq 0 \mid R=0) p(R=0)}{p(x_{t-1} \neq 0 \mid R=0) p(R=0) + p(x_{t-1} \neq 0 \mid R=1) p(R=1)}$$

$$= \frac{\beta \times 0 \times \alpha_{t-1}}{0 \times \alpha_{t-1} + p(x_{t-1} \neq 0 \mid R=1) \times (1 - \alpha_{t-1})}$$

$$= 0 \qquad (3.7)$$

在此基础上，我们对子博弈的纳什均衡求解。

在最后阶段即 t 阶段的博弈中，装备生产企业的目标效用函数为：

$$U = R \times B[(1-\beta)x - x_m] - \theta(x) \qquad (3.8)$$

对式（3.8）进行求导可得出企业选择失信策略在多阶段博弈中获得最大收益最佳概率为 x^*。

命题 3：在多阶段重复博弈中，如果 $\theta(x)$、B 和 β 满足条件 $U_{\max} = B \times R \times [(1-\beta)x^* - x_m] - \theta(x^*) < 0$，则企业的最优策略是不采取低声誉下的隐藏行为，且在此前的所有博弈阶段中都不采取低声誉下的隐藏行为。

若 $B[(1-\beta)x^* - x_m] - \theta(x^*) > 0$，则可以求出：

$$U_{\max} = B \times R \times [(1-\beta)x^* - x_m] - \theta(x^*) \qquad (3.9)$$

此时在最后阶段企业的最优策略是采取低声誉，即 $R=1$。

接下来，对 $t-1$ 阶段的博弈展开分析。

令部队第 t 阶段认为装备生产企业是低声誉者的概率为 x_{mt}。根据上文可知，企业在第 t 阶段作为高声誉者的概率 α_t 的减函数，假设 $x_{mt}=1-\alpha_t$，将之与 $R=1$ 代入式（3.9）可得：

$$U_{\max}=B\times[(1-\beta)x^*-(1-\alpha_t)]-\theta(x^*) \qquad (3.10)$$

若企业在 $t-1$ 阶段选择低声誉下的隐藏行为，此时 $R=1$，可得出部队对于企业采取隐藏行为的预期为：

$$\begin{aligned}x_{mt}&=1-\alpha_t\\&=1-\frac{(1-\beta)\alpha_{t-1}}{\alpha_{t-1}+\mu_t\times(1-\alpha_{t-1})}\end{aligned} \qquad (3.11)$$

又 $U_{t-1}=B\times R\times[(1-\beta)x-x_{mt-1}]-\theta(x)$，因此，可得：

$$\max U_{t-1}=B\times[(1-\beta)x^*-x_{mt-1}]-\theta(x^*) \qquad (3.12)$$

设 t 阶段到 $t-1$ 阶段的折现率为 ξ，则在 $t-1$ 阶段低声誉的装备生产企业不采取隐藏行为的策略，即 $x_{t-1}=0$ 时，$t-1$ 阶段与 t 阶段的总效用 U_{T1} 为：

$$\begin{aligned}U_{T1}&=\max(U_{t-1}+\xi U_t)\\&=B(1+\xi)(1-\beta)x^*-(1+\xi)\theta(x^*)-B(1+\xi)+\\&\quad B\alpha_{t-1}\Big[1+\frac{(1-\beta)\alpha_{t-1}}{\alpha_{t-1}+\mu_t\times(1-\alpha_{t-1})}\Big]\end{aligned} \qquad (3.13)$$

当 $t-1$ 阶段中企业不采取隐藏行为的策略，即 $x_{t-1}=0$ 时，$t-1$ 阶段和 t 阶段的总效用 U_{T2} 为：

$$\begin{aligned}U_{T1}&=\max(U_{t-1}+\xi U_t)\\&=-Bx_{mt-1}+\xi\{B[x^*(1-\beta)-(1-\alpha_t)]-\theta(x^*)\}\\&=-B(1-\alpha_{t-1})+\xi\Big\{B\Big[x^*(1-\beta)-\Big(1-\frac{\alpha_{t-1}}{\alpha_{t-1}+\mu_{t-1}(1-\alpha_{t-1})}\Big)\Big]-\theta(x^*)\Big\}\end{aligned}$$
$$(3.14)$$

观察式（3.13）与式（3.14），比较 U_{T1} 与 U_{T2}。

若 $U_{T1}<U_{T2}$，则有：

$$Bx^*(1-\beta) - \theta(x^*) - \frac{B\beta\xi\alpha_{t-1}}{\alpha_{t-1}+\mu_{t-1}(1-\alpha_{t-1})} < 0 \qquad (3.15)$$

因为在达到均衡状态时，部队对于企业的预期相当于企业的选择，即 $\mu_{t-1}=\omega_t$，所以如果 $\omega_t=1$ 构成了低声誉的装备生产企业的均衡策略，则 $\mu_{t-1}=\omega_t$，可得出：

$$\alpha_{t-1} > \frac{Bx^*(1-\beta)-\theta(x^*)}{\beta\xi B} \qquad (3.16)$$

据此可以得到命题4。

命题4：如果部队在 $t-1$ 阶段认为装备生产企业的高声誉类型预期的概率大于 $\dfrac{Bx^*(1-\beta)-\theta(x^*)}{\beta\xi B}$，则有 $U_{T1}<U_{T2}$，那么即使本身是低声誉的企业也会伪装成高声誉的企业开展交易。

命题5：监督力度越大相应地发现企业失信行为的概率也就越大，即 β 越大，或者企业失信的收益系数 B 越小，又或者失信行为（隐藏行为）的成本 $\theta(x)$ 越大以及效用贴现率 ξ 越高，α_{t-1} 的取值区间就越大，越有利于促进装备生产企业选择高声誉行为。

综合上述所有KMRW声誉模型的分析，对装备生产企业的失信行为采取较大的处罚力度，即提高 β 的数值。虽然该做法能够有效地影响企业的行动策略，防止失信行为的发生，但是处罚力度的增加同时也会加大监管部门的成本，因此较为合适的做法是提高装备生产企业隐藏行为的声誉成本，建立针对性的信用体系，为具有需求的人提供获取企业声誉信息的渠道，提高企业声誉的透明程度，并提升其传播速度，这样的措施能够有效提高失信行为的机会成本。由此可见，声誉机制本身并不能直接改善装备生产企业失信的状况，必须通过完善的信用体系来发挥其功能。失信惩戒机制能够成倍地放大声誉机制的激励和约束的作用，从而改善整个装备生产企业的信用状况。

六、装备生产企业失信行为的原因归纳

根据上文中对于装备生产企业和部队两者之间的博弈分析，可以将造成装备生产企业失信行为的深层原因归纳为以下几点。

一是装备生产企业信用状况难以量化比较。信用对于人们而言是一个较为模糊的概念，很难用一个数量来描述一个企业的信用状况。这与信用评级研究之初类似，两者都是从一个较为感性的方面来对企业的信用状况进行评级。经过对信用评级方面的长期研究，人们已经发现了多个模型，可以针对不同的企业和市场环境来开展信用评级。但是在我国社会主义市场经济条件下的装备生产企业的信用状况却难以量化比较，一个方面的原因是装备作为企业主要盈利产品，其保密性对于获取信用评级的数据造成了很大的阻碍；另一个方面的原因是装备生产企业的盈利模式与一般的企业相比更加具有特殊性，无法找到现存与之对应的信用评级模型直接使用，而是需要根据企业和市场的实际情况来重新设计模型开展分析。这样的事实造成部队在选择购买策略时，无法得到可以参考的具体数据来辅助决策，反过来也鼓励了企业选择失信行为来获取更多的利益。

二是企业失信成本低。因为对于装备生产企业的失信行为没有针对性的监管机构或法律法规，所以无法对其失信行为实施相应的处罚，使得失信行为被发现后企业不需要承担较大的代价。在失信行为能够帮助企业获得更多利益的情况下，企业将会更加倾向于采取失信的手段来获取利益。当企业采取失信策略时可能会面临两种情况：若企业的失信行为未被发现，则企业可以获得全额的失信利益；若企业的失信行为被发现，且企业受到了相应的处罚，但是由于惩处的力度较小，则收益会大于惩处，使得企业依然有利可图。

因此，在企业失信成本低的情况下，无论其失信行为是否被发现，企业都会选择失信作为最优的行动策略。

三是装备生产行业信用信息沟通不畅。在上文声誉机制博弈分析中，我们可以得知，在多次交易中，声誉机制的存在会使得装备生产企业更加注重自己的行动策略，因为坏的声誉会影响部队此后的购买策略。根据对声誉机制的研究，可知仅靠声誉机制无法完成对于企业失信策略选择的干预，而在装备生产行业中，尚未存在一个可靠的渠道帮助企业和部队了解各装备生产企业的信用信息。在企业信用信息沟通不顺畅时，所处的环境让声誉机制无法充分发挥作用。因此，当行业中有较为完善的信用体系时，声誉机制才能实现最大的效用。

四是部队对失信风险认识不足。部队在选择采购装备之时，除了对装备生产企业的信用状况了解不够全面，对企业失信风险带来的危害也没有准确的预估，因此在交易过程中并未认识到企业失信将会对部队造成何种程度的影响。部队无法在交易时，通过企业已经开展过的交易、具备的声誉和交易之时企业的状况等信息，来对企业在此次交易中可能采取的守信、失信策略进行预测，并了解其相关风险。这样可能会让作为卖方的装备生产企业，利用部队在失信风险认知上的缺陷，采取失信作为最优的行动策略。

| 第 四 章 |

装备生产企业信用体系的基本内容

在对装备生产企业的信用现状进行了解，并深入分析了装备生产企业失信的原因之后，我们对于如何通过建立科学合理的装备生产企业信用体系来提升装备生产企业信用水平有了较为明确的方向。根据我国社会信用体系建设的理论研究、实践经验，并结合我国装备生产企业的具体情况，现对装备生产企业信用体系的基本内容进行明确。装备生产企业信用体系主要包括一个平台、一套体系和三大机制，下面分别进行说明。

第一节 一个平台：装备生产企业信用信息平台

第三章曾用 KMRW 声誉模型对装备生产企业和部队双方的博弈开展分析，通过该博弈分析了解到声誉机制要充分发挥效用，就必须处于能够获取权威的信用信息且信用信息传播迅速的环境中。在此要求下，为提升装备生产企业的信用状况，装备生产企业信用信息平台应运而生。装备生产企业信用体系中与部队和企业联系最为直接的是装备生产企业信用信息平台，该平台是一个公允且独立于装备生产企业与部队的机构，用以发布各装备生产企业的信用信息。

装备生产企业信用信息平台作为一个集信息发布、查询、政策公开为一体的平台，其建立能够解决两个方面的问题：一方面解决了没有获取装备生产企业信用信息的渠道的问题，平台能够提供部队采购人员所需的准确、及时的信用信息，降低了获取信用信息的成本，使其能够在得到充足的企业信用信息后再作出采购决策，降低部队在采购时需要承担的风险；另一方面解决了信用信息内容准确性和公平性不足的问题，信用信息平台作为独立、公正的第三方进行信用信息发布，能够让平台发布的信用信息在表现的形式和内容上更加公开透明，让信用信息为更多的信息使用者和被评级企业信服。

装备生产企业信用信息平台的功能主要包括查询、信息发布和监督功能。这些功能能够为声誉机制在交易中发挥作用营造良好的基础，解决部队在选择购买装备时无法掌握交易对象信息的困境，大幅度提升装备生产企业的信用状况。通过装备生产企业的特殊性以及保证信用体系运行的有效性，可以了解到装备生产企业信用信息平台设计过程中必须要注意其公平性、公开性和保密性，如此才能让信用信息平台发挥其最基本的职能。装备信用信息平台通过6个运行环节来履行其基本职能，主要包括征信、记录、评级、发布、维护和监督。不同环节之间互相依赖、互相关联，使得信用信息平台构成了一个有机的整体，高效顺畅地运转。

在整个装备生产企业信用体系中，装备生产企业信用信息平台作为一个窗口，实现了体系与外界环境之间在信息、生产资料的交换。若将整个信用体系看作一个细胞，则信用信息平台就是整个细胞的细胞膜，不仅仅是实现其对外职能的关键渠道，也是从外界获取信用体系所需的企业信息的窗口，还是将整个信用体系的工作成果体现出来的重要方式。

第二节 一套体系：装备生产企业信用评级体系

作为装备生产企业信用体系的核心部分，装备生产企业评级体系承担了整个信用体系中最为重要的职能。[19]信用评级体系能够利用信用体系中信用信息平台获取的企业经营状况，结合装备生产行业以及企业盈利模式的特点来制定合适的信用评级模型，以此为基础对装备生产企业进行评级。装备生产企业信用评级体系能够对装备生产企业的信用状况进行量化分析，并综合企业、市场和行业的具体情况给出一个量化后的信用评级结果，让信用信息的使用者能够更加直观地了解企业的信用状况，在不同的企业之间进行购买决策时能够更加方便地对比分析。信用评级体系的输入是企业运营相关信息，输出的是企业的信用等级报告。装备生产企业信用评级体系将原始的信用信息进行专业化的"加工处理"，在一定程度上降低了部队在购买装备时获取交易对象信用信息时所需付出的成本，同时这样专业化的分工也能让部队等信息使用者获得更加专业的信息。

装备生产企业信用评级体系的设计需要通过选取评价指标，以确定从何种角度衡量企业的信用状况。选取指标过程中必须要考量企业的具体情况、装备行业的特点和一般行业中信用评级采用的关键指标等多方面的信息，综合后最终确定合理的选取信用评级体系的指标。在选择好适合的指标之后，根据选取的指标，设计贴近企业交易模式和盈利方式的信用评级模型，并对其进行调试，使之与装备生产行业之间具备更高的契合度。自此，装备生产企业的信用评级体系的核心部分已经完成，体系基本上已经能够实现开展信用评级工作的功能。

　　装备生产行业整体而言并不是一个静态的环境，技术的革新、资本的流动、社会主义市场经济的波动等各方面因素的微小变动都会使信用评级体系的结果出现偏差，造成以部队为主的信用信息使用者在以该信息为基准作出交易决策时承受较大的风险。为了规避该风险，就必须要对信用评级体系展开周期性与应急性相结合的维护，同时对信用评级体系进行完善，以进一步保证信用体系长期、高效、稳定地实现信用评级的功能。该举措对于评级体系的意义体现在两个方面：一方面能够定期检查信用体系与装备生产行业实际情况的契合度，并针对发现的问题进行修正；另一个方面，当装备生产行业或其外部环境发生剧烈的变动时，能够及时根据变动对信用评级体系进行调整，确保体系依然能够跟上变动。

　　总体而言，装备生产企业信用评级体系是整个装备生产企业信用体系的关键部分，是信用体系实现自身价值的重要渠道，信用体系要实现其职能就必须建立与之相配套的信用评级体系。

第三节　三大机制：体系运行动力机制、信用促成维护机制、信用风险管理机制

　　装备生产企业信用体系在具备了信用信息平台、信用评级体系之后，已然具有了具休的框架和结构，为了使信用体系各部分顺利履行职能，维持信用体系作为一个有机联系的整体持续有效地发挥作用，就必须要依靠三大机制来实现，分别为体系运行动力机制、信用促成维护机制、信用风险管理机制。

一、体系运行动力机制

任何事物的发展和变化都是依靠其内部存在的动力机制来完成的，装备生产企业信用体系作为一个具有主观能动性的组织，在社会主义市场经济之中也会不断地变化，这种变化就是体系运行动力机制作用的结果。[20]体系运行动力机制能够保证体系正常运转，是保持装备信用体系在任何外界环境干扰下都能维持自身基本功能的机制，即保证装备生产企业信用体系持续地向信用信息需求者提供准确的、及时的、具有相当专业性的信用信息，并对企业的失信行为进行惩罚、守信行为提供奖励等等。[21]研究装备生产企业信用体系运行动力机制，便于我们从中发现可控的、能推进体系良性发展的因素，并以此为焦点不断地进行改进和强化，进而在一定程度上有计划地、定向地推动体系的正常运行和良性发展。在保证体系完成基本功能的基础上，不断优化其职能和运行效率，实现在节约、减少信用体系运行成本的同时提升信用体系改善企业信用状况的效率。

要充分认识体系运行动力机制，就必须从其功能着手进行研究，根据前文对于动力机制定义的解释可以得知，体系运行动力机制的功能主要包括保证信用体系的正常运行、促进信用体系的自我维护、推进信用体系的持续更新。从这三点功能出发，可以较为全面地认识体系运行动力机制的作用方式和作用原理。为了对体系运行机制有更深层次的认识，必须分析体系运行机制的构成，按照体系运行机制中各部分对于信用体系的作用方向不同，可以将其分为牵引力要素、推动力要素和约束力要素。[22]这三个要素分别从不同的方向作用于信用体系，装备信用体系受到三者共同作用形成的合力的影响，呈现出相应的变化和发展。针对不同要素的特点，对其单独工作的原理进行研究，就能了解各单一动力对体系作用的原理和效果。在对于单一动力有了充分的了解后，针对三者的合力开展研究，能够使我们找到让不同的要素更好地协同合作发挥作用的方式方法。

装备生产企业信用体系中的体系动力机制是体系实现自我优化的内在机制，能够帮助体系内部组织结构和运行方式在实现提升装备生产企业的信用水平这一目标上更科学、更高效。此外，在体系的运行过程中必然存在一定的摩擦，我们要处理好内部各动力要素之间的关系，选择合适的组织形式和运行方式，形成体系内部有序、平衡的运行环境。

二、信用促成维护机制

装备生产企业信用体系中的信用促成维护机制是指促进企业自发地在交易过程中保持诚信、按照约定履行义务，并让企业长期保持这种信用水平的机制。在第三章中，通过对装备生产企业失信行为的博弈分析，我们得知激励行为和惩处行为无论是在强化失信惩戒条件下的博弈分析还是基于 KMRW 声誉模型下的博弈分析，都能对装备生产企业在是否失信的行为策略选择上造成较大的影响。因此要改善装备生产企业的信用水平，即调整企业的行为策略，就必须要从失信成本入手，通过合理设计失信成本的形式和程度，保证信用体系在较低的成本下能够有效地对装备生产企业的交易行为造成较大的影响，让其能够诚信地开展交易行为[23]。

设计合理的失信成本，是研究信用促成维护机制的重点。根据对一般信用体系中信用促成维护机制的研究，并结合我国近年来信用体系建设的实际，装备生产企业信用体系中的信用促成维护机制要依靠内部和外部结合、自身和环境相协调的方式，借助制度和文化建设等手段来实现目标。信用促成维护机制要根据信用信息平台发布的信用评级信息并结合市场实际状况，对装备生产企业施加直接或间接的影响。信用促成维护机制可直接作用于装备生产企业，通过施加惩处或实行奖励措施来纠正或认可企业的交易、经营行为；也可以装备生产企业所处的环境等外界因素为媒介对企业的交易和经营行为进行间接的影响。按照机制的具体功能，可以将信用促成维护机制划分为信用促成机制和信用维护机制，但在本书中，为了更好地描述信用体系中促成维护机制的具体运行方式和方法，将按照机制把影响企业交易行为的具体因素分为失信惩戒机制和守信激励机制两个大的类别。[24]

失信惩戒机制和守信激励机制分别从两个不同的角度对企业的交易行为进行作用和影响，一个反向遏制企业的行为，另外一个正向激励企业的行为。虽然两者的角度不相同，但是两者的目标却是一致的，都是提高企业的信用水平。信用促成维护机制通过给予企业外部刺激，改变其行为模式，让企业按照我们希望的方式开展各项活动。长期的、稳定的促成维护机制不仅能够从内部改善装备生产企业的信用状况，而且在对企业进行间接影响时还能够改变企业的外部环境，如改善装备生产行业的信用文化等。这些外部环境的变化无疑会让装备生产企业受到更多来自社会和同行的道德上的压力，从而强化了声誉机制的作用速度和作用效果，迫使企业在交易过程中始终保持一个较高的信用水平。总体而言，信用促成维护机制是保证装备生产企业信用体系长期具备有效性的重要手段，是提升并保持装备生产企业信用水平的最直接的途径。

三、信用风险管理机制

装备生产企业信用体系在运行过程中，遇到装备失信的情况时，如何尽快识别企业的失信风险，对其展开分析，并采取合理的方式应对，是信用体系必须要考虑的事情。信用风险管理机制正是为了实现上述功能而设计的，它是专门针对识别、防范和应对企业未来可能存在的失信行为，有效地规避装备生产企业的失信行为或降低甚至消除因企业失信行为带来的损失的机制。[25]

信用风险主要指在装备生产企业交易的过程中一切因失信行为而可能为买方带来损失的风险。根据风险管理的具体流程，风险管理机制主要包括三个部分，即风险识别、风险分析和风险应对，分别对应着风险发生前、风险发生时和风险发生后三个阶段。装备生产企业信用体系中的信用风险管理机制是在信用风险发生的全过程中，对装备生产企业的失信风险进行一贯的、有效的监督和管控。风险识别阶段针对交易完成之前，及时地对装备生产企业在此次交易中是否可能存在失信行为、失信行为发生的概率有多高进行准确的判断。[26]风险识别主要的作用体现在预防功能，能够对买方进行示警，让买方在购买之前就能够对于企业是否在将来会失信形成一个相对可靠的预期，便于其能够及时地调整购买策略。风险分析是在风险识别完成之后，对已识别的风险进行归纳和分析，即了解风险来源于何处、风险形成的原因是什么，以及风险将会造成什么样的后果。对风险进行分析有助于从各个角度更加全面地了解风险。风险分析后，就需要开展风险应对措施，即根据风险分析的结果，选择合适的角度和方式来应对发生的风险及可能带来的各种损失。[27]根据应对风险的策略不同，可以将所有的风险应对措施分为规避策略、转移策略、减轻策略和接受策略四类。风险管理机制的三个部分环环相扣，每一个部分都是下一部分能够顺利开展的重要前提。因此，在设计风险管理机制时必须要从整体上着手，不可仅仅考虑单个阶段，要注意机制的整体性和连贯性，才能使得风险管理机制运行顺畅。

　　风险管理机制是装备生产企业信用体系应对企业失信行为的重要机制之一，与信用促成维护机制利用失信成本来作用于装备生产企业不同，信用风险管理机制是从买方角度出发，是针对提高买方对于失信风险信息的了解程度和认知程度来预防可能失信的交易发生或在发生失信行为后帮助企业自身开展止损的措施。两者虽然都能够解决因装备生产企业失信而带来的问题，但是其出发点不同，进而在处理失信问题的流程、方式、角度和具体措施上呈现出较大的差异。只有有机地结合信用促成维护机制和信用风险管理机制，才能实现乘数效应，更加有效地改善装备生产企业的信用状况。

第四节　体系内部各部分之间的关联

　　装备生产企业信用体系由上述五个部分构成，各个部分不是相互独立和割裂的，而是紧密联系的、互相依靠的。装备生产企业信用信息平台是装备生产企业信用体系的所有内容的载体，是整个体系与外界进行资源交换的媒介，也是各机制实现各自功能的抓手。装备生产企业信用评级体系，则是装备生产企业信用体系实现自身职能的核心部分。信用评级体系利用信用平台提供的信息资源，对其进行专业化的加工处理后，不仅将信用评级的数据反馈给信用信息平台，而且还分别向体系运行动力机制、信用促成维护机制和信用风险管理机制提供了处理后的信用信息资源。三大机制接收到信用评级体系提供的信用信息资源后，分别从保证体系持续有效运行、规范装备生产企业交易行为和提高装备购买者风险防范三个方面支撑了装备生产企业信用体系发挥改善企业信用状况的职能。从整体来看，企业经营信息进入装备生产企业信用体系，经过处理后输出给信息使用者的是企业相关的信用信息。我们不仅需要保证各个部分独立的运行效率，还需要注意信用信息资源在各个组成部分之间流通时可能遇到的问题，要从信息的沟通和传输上对体系进行强化，保证信息资源流动的顺畅和安全。根据体系内部各部分运行状况可以描绘出如图4-1的关系。通过该流程图可以看出以信息资源的流动为线索，装备生产企业信用体系的具体工作流程，能让我们对信用体系有一个全面而直观的认识。

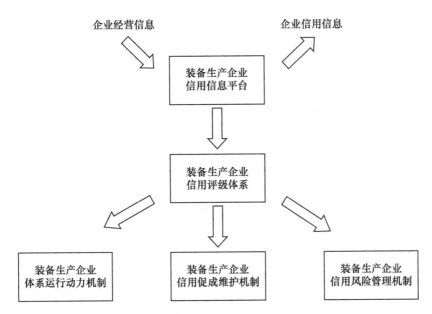

图4-1　装备生产企业信用体系工作流程图

第 五 章

装备生产企业信用信息平台

装备生产企业信用信息平台是装备生产企业信用体系中担任信息的发布与收集任务的部分，是实现装备生产企业信用体系与外部环境进行信息资源交流的重要渠道。在信用信息平台的建设上，主要从需求分析、运行环节和功能设计三个部分进行说明。

第一节　建立信用信息平台的需求分析

在设计信用信息平台时必须对建立平台的需求进行分析，了解建立平台需要注意的事项以及建立平台的重点，才能明确建设的方向和要求，让平台具备的功能与信用体系要求的相对应。结合装备生产行业的特点与一般信用信息平台的特点，可以得知装备生产企业信用信息平台在设计时需要具备公平性、公开性、保密性的特点。

一、公平性

公平性是装备生产企业信用信息平台建立的最基本的要求，也是保证信息平台作为一个独立的第三方机构能够体现其独立性的最主要方式。只有保持信息平台的公平性，信用信息平台发布的信息才能让信息使用者放心，这也是信用信息平台能够存续和发挥作用的最重要的前提条件。[28]若存在比较的对象，则一般意义上的公平性是依靠式（5.1）来进行衡量的。

$$\frac{O_p}{I_p} = \frac{O_c}{I_c} \tag{5.1}$$

其中 O_p 是指对自己所获收益的感觉，I_p 是指自己对个人投入的感觉，O_c 是指对他人获得的收益的感觉，I_c 是指自己对他人投入的感觉。

若该等式不成立则会出现两种情况。一是当 $\frac{O_p}{I_p} < \frac{O_c}{I_c}$ 时，个人可能会要求增加自己的收入或者减小自己的投入，以提升左边的数值，或要求减少比较者的收入和投入之比，降低右边的数值。通过这两种方式来使得双方的数值相等，即达到公平。二是当 $\frac{O_p}{I_p} > \frac{O_c}{I_c}$ 时，来自道德和同行的压力，会使其要求减少自己的报酬和投入之比，或者提高他人的报酬和收入之比，以达到公平。除此横向的对比，人们还会进行纵向的对比，即将现在的报酬投入之比与之前的报酬投入之比进行比较。同样也可以得到与他人比较时类似的结论。

在保证信用信息平台的公平性时，必须要保证每个企业自身对信用行为的选择与信用信息平台提供给信息使用者的信息相一致。这样才能使装备生产行业中每个企业在与其他企业进行比较时均能够达到式（5.1）中的等式状态，即所有信用信息平台发布的信息与对应的各企业实际的信用水平相一致。

保证信用信息平台的公平性上要从两个方面入手，一个是确保信用信息处理方式合理，另一个是保持信用信息平台工作人员的独立性。前者是指在设计信用信息处理的方式上，必须要充分考虑各个企业的实际情况，选择对所有企业而言都较为公平的处理方式来处理收集到的数据，才能让信用信息平台发布的处理后的信用信息满足公平性的要求。后者是指在信息平台开展工作的人员，在处理和发布信息的过程中，要始终保持着独立的地位，不应受到外界的影响和诱惑而人为地篡改信用信息，避免发生平台发布的信息有失公平的情况。从客观和主观两个方面提升信用信息平台的公平性，能够更好地提高信用信息平台发布信息的可信度。信用信息平台良好的公平性兼之政府的背书，能进一步有效地提升信用体系在社会上的公信力。

公平性是需要装备生产企业信用信息平台在建设中不断审查的重点，是贯穿整个信用体系的重要原则，只有发布的信息是公平的，信息使用者才能放心大胆地运用平台提供的信息进行进一步的决策，充分发挥信用信息的作用，从而达到提升装备生产企业信用水平的最终目标。

二、公开性

公开性是指在社会活动中，规范活动的规则及在活动中每一参与者之职分及权利为人知晓的程度。一个社会活动是否能够顺利进行，关键因素之一在于其规则及参与者的权利和义务是否为参与者熟知，即取决于活动公开性的强弱。在一项公开性较强的活动中，参与者不仅应该知道自己的权利与义务，还应清楚地知道其他参与者也履行与自己相同的权利义务。只有这样，社会活动的规则才会趋于清楚和稳定。同样，装备信用信息平台要顺利履行职能，就必须注重公开性，即信用信息体系中不涉及企业和军队机密的文件需要对各企业和信息使用者完全公开，信用评级的方法和流程也需要对两者完全公开。这样才能使各企业和信息使用者明确自身的义务和责任，在信用信息平台开展工作时能够配合平台履行各自的职责并对平台的工作进行监督。

在如何实现信用信息平台的公开性这一问题上，我们主要从不涉及企业和军队机密信息的信用信息的公开、信用信息处理流程的公开、信用评级方法与工作人员信息的公开三个方面展开。

公开不涉及企业和军队机密信息的信用信息能够让装备生产行业中的各部门都能了解信用体系的工作进展和阶段性的成果，在信息充分公开的环境下，也能够充分调动各装备生产企业的积极性。企业为了自身能够获得信用体系更加公平的对待，会要求发布的信息中涉及的企业均达到式（5.1）的相等状态。由此可以得知，加强对于不涉及企业和军队机密信息的信用信息公开程度，能够从侧面强化信用信息平台的公平性。

信用信息处理流程的公开主要是指公开信用信息在信用信息平台上如何流通，以及接收到信用信息后信用信息平台如何处置。信用信息处理流程的公开能够让企业和信用信息使用者更好地了解信用信息如何在信用平台中传输，此举既能提升双方对于信用信息准确性的信心，也能让双方更加直观地了解信息的及时性。

对工作人员相关信息的公开，主要是为了让社会对于信用信息平台的工作进行监督。工作人员的信息被社会熟知之后，必然会受到来自社会的监督和压力，这些监督和压力会进一步促使工作人员在面对自己的工作时更加仔细和认真。若一旦工作出现纰漏，在个人信息被公开的情况下，会直面来自利益受损的企业或信息使用者和社会的质询。在极力避免出现这种状况的动力下，工作人员在履行职责和义务时将会更加谨慎。

总体上，信用信息平台的公开性是使信用信息平台顺利开展职能的重点，其分别从对装备生产企业的同业监督和对信用信息平台的社会监督两个角度，让信用信息平台获得相当高的公信力，并保持健康发展的态势。

三、保密性

生产资料对于企业而言，是发展和盈利的重要基础，生产工艺和技术是生产资料中决定企业发展潜力和前景的关键，因此企业必须对其进行保密以维持自身的优势地位。[29] 因为装备生产企业于一般企业而言，其生产资料因为涉及我国国防科技相关信息，所以在收集、处理、传递和发布企业相关信息时均需注意保密问题。若没有注重在生产资料相关信息上的保密，会使我国前沿国防技术泄露，进而造成我国国防战略和计划的泄露，致使我国的整体国防实力被削弱。综合上述两个方面的原因，我们必须在建设信用信息平台时充分考虑企业信息保密性的问题。要实现提升信用信息平台建设的保密性这一目标，我们必须从信息的收集、处理、传递和发布四个方面着手。

首先，在信息的收集上，信用信息平台在收集信息时只可收集与信用状况相关的信息，对于与企业信用状况无关联的信息不可收集。此外，在收集过程中遇到需要保密的信息时，应先考虑该信息能否用其他不需要保密的信息替代，若不能被替代，且该数据对于信用评级具有重要意义，则需要通过严格的保密程序来采集数据，并且严控数据的知情范围，不得随意扩散。

其次，在信息的处理上，也必须注意保密。信用信息平台搜集到各企业的信息后，会对所有的信息进行进一步的处理，以得到更加专业化、准确的信用信息。在处理的过程中，遇到涉密信息，必须要保证信息知情的范围不得扩大，而且尽可能将收集到的信息在交付专业人员开展信息处理之前，先对信息进行预处理，对相关涉密信息尽量进行遮罩或模糊化处理，降低泄密的可能性。

再次，在信息在信用平台内部传递的过程中，也需要注意信息保密。未进行加密的信息在信用平台中流通存在极大的泄密隐患，相当于不上锁的保险柜，随时都可能发生重大泄密事件。因此，在传递信息过程中，需要对信息进行加密。与此同时，在信息传递的媒介和方式的选择上也需要更加慎重，要采取更加安全、迅速的信息传递媒介和方式，这样能够有效地为信息筑起一道安全的防火墙来防止信息的泄露。上述的两个保密措施一个是从信息本身着手，一个是从承载信息的载体着手。同时从两个角度出发制订与信用信息平台相适宜的保密措施，能提高信息在传递过程中的安全程度。

最后，在信息发布时，也需要注意保密方面的事项。必须合理地对即将发布的信息进行筛选，对于涉及国防科技秘密的相关信息不予以公布，只公布经过脱密处理后的信用信息，这样在原信息需要保密的情况下，经过专业化的信息评级之后，能够大大降低信息中包含信息的保密程度，相当于对信息进行了模糊化的处理。通过合理地选取所要公布的信用信息，就能够有效地在信息流动的最后阶段维持信息的保密性。

总体而言，要保证信用信息平台拥有较高的保密性，就要从信息在系统中流动的整个阶段着手，在此期间要始终保持高度的保密水平以确保信用信息安全。一旦某一个环节出现问题，很可能会导致整个平台在信息安全保密上所做的努力功亏一篑。

第二节　信用信息平台运行环节

信用信息平台的运行是由多个部分互相协同、互相联动来完成的，根据信息在信用信息平台中流动的顺序，可以将信用信息平台的运行环节分为六个部分，依次为征信、记录、评级、发布、维护、监督。这六个部分环环相扣，共同承担了信息平台的各项任务和功能，下面对六个环节两两一组分别进行详细说明。

一、征信与记录

按照信息流动的顺序，信用信息平台需要对企业的信息进行征信和记录，这是信息进入信用信息平台的首要环节。在征信期间，信用信息平台运作的流程主要分两步。一是确定目标企业，即明确有哪些企业属于装备生产企业且需要参与信用评级的，完成这项工作需要了解我国现有哪些企业属于装备生产企业。该信息可以向国防科工局咨询，因为企业要开展装备生产就必须向国防科工局申请《装备科研生产许可》，此许可是企业进入装备生产领域的准入证明。只要明确了哪些企业具有该许可，就能判断出哪些企业属于装备生产企业。二是要针对目标企业收集相关信息。[30]在收集企业相关信息时主要从企业的资源禀赋、经营活动、资金流动和企业组织结构等方面入手展开，具体包括资产负债表、利润表、现金流量表、股权结构、股东信息、法人代表、管理层详情、历年交易合同、企业工商信息、分支机构、变更记录、融资历史、投资事件、竞品信息、法律诉讼、处置抵押情况、纳税记录、资质证书等。在收集信息的过程中要秉持着保证信息准确性、及时性的理念，要从多角度、多方位收集信息，征信对象包括但不限于企业本身，还应从银行、企业交易对象、法院、工商局等组织进行取证。[31]根据对不同来源的同一信息的内容进行相互对比、印证，筛选出最真实、可信度最高的信息记录。在针对同一信息取得的征信结果不同时，需要考察信息的来源、信息取得的时间、征信对象与企业的关联等各方面情况来最终决定录入平台的信息。[32]

为了保证信用信息平台获取的企业信息与企业的实际情况不存在较大的偏差，并保证平台信息有较强的时效性，征信周期定为一年。一年的征信周期不仅能够让信用信息平台紧跟装备生产行业的变动，还能够有效地节约平台运行的成本。此外，当整个装备生产行业或者某一企业的生产经营状况发生非常规的、大幅度的变动时，可以针对此情况及时收集变动的信息，对信息平台中的数据进行实时更新。

在对上述信息进行充分的征信之后，需要将信息进行分类记录。因为收集的装备生产企业信用信息量较大、种类较多，所以为了更好地管理信用信息，在需要使用已收集的信息时能够准确地对其进行定位，就必须对信息进行合理的分类。将收集的信息以企业名称、各项资产负债科目、各项现金流科目等指标为标签建立多维度的数据存贮模式，这样不仅能够合理构建数据库的数据结构，有效地将信息分类存贮，还能在后续对于企业信息的横向、纵向等多角度进行对比研究时更加方便、快捷。在对信息进行记录的过程中，需要注意信息的保密性、完整性和准确性，为信用信息平台的顺利运行建立坚实的基础。

二、评级与发布

在信用平台完成了对企业的征信和信息记录之后，企业的原始信息已经经过了初步处理，按照合理的方式存储于信用信息平台之中，接下来需要以信用平台为载体的信用评级体系对初步处理过的企业信息来进行企业信用评级。信用评级环节是信用信息平台运行环节中的核心，也是整个装备生产企业信用体系的重要职能之一。[33]在进行评级时，必须深入考量企业的具体运行模式、资金流的运转状况和交易的具体方式等情况，综合考虑企业和市场情况后，借鉴一般市场中信用评级的宝贵经验，选择合适的模型和方法对企业进行信用评级。[34]因为信用信息平台的信用评级环节主要依托信用体系基本内容中的信用评级体系开展，具体方式方法在第六章有详细的论述，在此不作展开。

在根据企业信息开展信用评级环节之后，信用信息平台中信息流转变为处理完成的信用信息，接下来需要对信息进行发布。在信用信息发布之前，还需要对信用信息进行两个方面的处理。一个方面是对信用信息进行最后的复核，保证即将发布的信息真实、可靠。复核作为信用信息发布前最后的关卡，具有重要的现实意义，起到了维护信息安全的重要功能。另外一个方面是要对发布的信息进行脱密处理，检查拟发布的信用信息中是否包含有保密要求的信息或涉及国防技术的相关信息，要在发布时删除这类信息，或将其模糊化处理，以防止涉密信息的泄露。

信息的征信、记录、评级、发布四个环节，必须要尽可能地缩短所需的时间，高效的信息处理流程不仅能够有效地提升信息的及时性，让发布的信用信息对于信息使用者更具有参考价值，还能够让声誉机制在企业和部队双方博弈过程中具有更快的响应速度从而加速博弈，从侧面加强的企业失信策略带来的压力加重了企业失信策略的成本，这对于改善装备生产企业的信用状况有着重要的意义。在信息发布的渠道选择上，尽量采用新媒体渠道，例如官方网站、微信公众号、支付宝服务号等数字媒体渠道。新媒体以信息化时代不断更新发展的数字技术为基础，以更加普及、快速和稳定的网络为载体，来实现信息传播的媒介，其交互性强、传播迅速、传播成本低、运营维护方便快捷等特点与信用信息发布的要求高度契合，因此选择新媒体作为信用信息发布的主要渠道。[35]与此同时，为了满足研究人员针对相关问题展开研究等多元化需求，信用信息还需要采用纸质刊物的形式对发布渠道进行补充。

三、反馈与维护

信用信息平台的前四个环节基本上已经实现了信用信息平台的主要职能，剩下的反馈和维护两个环节是专门针对装备生产企业信用体系在运行过程中可能会出现的各种类型的问题而设计的。这些问题虽然与信用信息平台不直接关联，但是作为整个体系与外界进行信息交换的渠道，信用信息平台需要了解和收集外界反馈，并据此对平台进行有的放矢的定期维护。

在收集信用信息平台的反馈信息时，可根据反馈问题的聚焦点将反馈信息分为两类。一类是关于信用信息真实与否，信用信息能否满足信息使用者需求的反馈。这类反馈是针对信用信息体系中信息处理效果的反馈，该类反馈能够让我们了解信用信息处理的方式、方法是否贴近装备生产行业的实际情况。[36]需要根据反馈的问题，开展针对性的调查和研究，再对信用体系进行改进，长久地保持体系运行的有效性，让信用体系真正做到与时俱进。利用外界反馈不断改进信用体系的过程，也是信用体系不断完善、更加贴近行业实情的过程。另一类是关于信用体系运行过程中是否存在寻租、不公平的问题。这类反馈主要是针对体系运行中的公平性和合理性的反馈，主要涉及的是体系内工作人员是否履职尽责的相关问题。通过收集此类信息能够及时、有效地了解体系因人为因素导致的失灵事故及其原因。合理地利用外界的信息反馈对工作人员进行监督，不仅能够提高体系的运行效率，还可以有效控制体系的管理成本。在收集反馈之后，信用信息平台需要根据反馈的内容按照上述的分类规则进行归纳和汇总，并将结果传递给各相关单位。针对具有重要影响的反馈信息，体系需要组织相关人员进行专门的调查研究，对问题进行及时的整改。

维护一般是指为清除体系运行中发生的故障和错误，软、硬件维护人员对体系进行必要的修改和完善，以及为使体系适应用户环境的变化，满足新提出的要求，对原系统进行局部的更新。[37] 为了保证装备生产企业信用体系长久、高效地发挥功能，我们要对体系进行定期和应急的维护。

定期的维护一般是一年一次，在信用信息平台当年的年度信息收集开始之前完成。在开展工作的过程中，主要是针对两个方面的问题进行维护：一方面是对平台的硬件进行全面的检查，对发现的硬件问题进行及时的整修；另一方面是对当年的装备生产行业情形进行预研，对整个市场有一个较为初步的了解，根据结果对信用信息平台相关软硬件进行合理的调整，让信用体系能够在当年顺利开展各项职能。[38]

应急维护是指当体系出现紧急状况时，针对专门的问题进行及时、快速的维修和护理。应急维护能够防止平台运行出现较大的波动，保证平台运行过程中具备相当的稳定性。定期维护和应急维护两者相结合、互为补充的维护策略，能够为信用信息平台顺利履行职能提供有力的支撑。

第三节　信用信息平台功能设计

信用信息平台根据建立的具体需求和平台的运行环节，以信息使用者的信用信息需求为导向，以提升装备生产企业信用水平为目标，对信用信息平台的功能进行了合理的设计，主要包括查询功能、信息发布功能、监督功能。

一、查询功能

查询功能使装备生产企业信用信息平台的使用者能够利用平台构建的数据库，快捷、高效地获取经信用体系处理之后的企业信用信息。查询功能的建立必须以成熟的数据库技术为依托，以经过充分处理的信用信息为内容，以平台网站为载体，三者共同作用来实现。

数据库技术是实现信用信息平台查询功能的核心技术，选择何种软件来构建数据库，以何种数据结构来存储数据，如何设计调用数据语句，都需要根据信用信息的具体情况来进行抉择。在选择的过程中要从效率和成本两个方面进行综合考虑，要做到保证数据库中采用的数据存贮的结构能够合理利用服务器内存空间，尽量采取条理清晰的结构来存储数据信息，在调用数据时能够直接利用简明扼要的语句来实现。这样不仅能够节省存储空间，还能充分发挥服务器的算力，提升查询系统运行的效率。

信用信息作为查询功能作用的对象，在进入数据库之前必须对其数据结构和格式进行规范化处理，使得数据能够按照数据库的要求进行录入，保证两者在结构和形式上的一致性。信用信息要以记录时的多个标签为锚点，帮助平台用户搜索时更加便捷地进行定位。这样不仅能够让信息使用者进行多维度的比较，更能降低信息使用者查询信息的难度。

平台网站是查询功能的载体，这是因为纸质等传统媒体虽然能够实现查询这一功能，但传统媒体进行查询不仅会耗费大量的时间，还难以灵活地进行多维度的对比。以网络为主导的新媒体依托计算机作为信息存储媒介，通过网络来传播和获取信息，具有传统媒体无法实现的互动性。以平台网站为查询功能的载体能够大幅节约信息使用者查询信息的时间，使其有更多的精力聚焦在利用信息进行决策之中。因此平台网站作为新媒体中一种，互动性就是其作为信息查询功能载体的决定因素。

信用信息平台在设计查询功能时，既要实现通过企业名称、产品类型等标签的横向查询和按照年限的纵向查询，又要实现以信用等级区间、营业额度区间等数值范围进行的区间查询。这样多维度、多量纲的查询方式，能够减少信息使用者对企业的信用数据进行对比和研究时的工作量。在使用信用信息平台的查询功能时，使用者能够以企业名称为关键词进行查询，得到与该企业历年的信用状况相关的所有信息的查询结果，信息主要包括企业的信用评级、企业的营业状况、企业高层管理人员的个人信用状况、企业所有已完成交易的信用状况等等。除上述信息，还会根据企业当前的经营状况、人事变动等相关信息，对企业本年度的信用状况进行相关的预测，并给出企业的信用风险报告。

查询功能是实现信用信息平台对外进行信息传输的重要手段，信息化的手段和互联网的普及不仅能够使得平台在一定范围内与信息使用者进行互动，还能对信用信息进行实时更新，让信息使用者随时随地获取相关企业最新的信用信息，大幅降低了信息使用者获取信用信息的成本。随着 5G 网络的普及，这一优势将愈发突出。

二、信息发布功能

信用信息平台作为一个集成了各装备生产企业信用信息的载体，也肩负着发布与行业信用状况相关的信息的功能。此信息发布功能主要涉及三个方面：一是在信用信息体系完成了对装备生产企业的信用评级之后，对该年度各企业信用状况在信用信息平台上进行公布和展示；二是对各企业在交易过程中存在的失信或守信行为和对其进行的惩处或奖励进行及时的公示；三是对信用体系中相关政策、法律法规、人员和组织构成进行公布。

作为信用信息平台运行中紧跟在评级之后的一个环节，对企业信用信息进行发布是信用信息平台的一项基础功能。其目的是将本年度各装备生产企业的信用状况进行公布，让信息使用者能够及时了解信用体系在本年度的主要工作成果。在公布信用信息时会将所有企业信用状况进行简单的汇总，在此基础上对本年度的装备行业信用状况进行一个大致的说明，并对整体走势进行分析和预测。其后对无特殊变动的企业的信用相关信息进行简要说明，并针对有大幅度变动的企业进行补充说明。对无特殊变动企业的信用评级信息进行披露时仅仅披露该企业的信用等级，并不披露该企业与信用状况相关的其他信息。对于变动幅度较大的企业，会根据相关情况对其信用状况变动的幅度以及大幅变动的原因进行解释和说明。上述对于此年度企业信用状况的披露安排中，无特殊变动企业的信用状况相较于上一年度基本无变动或变动幅度较小，为了让年度信用信息的公布更加简单明了，只对其信用等级进行披露。若信息使用者对于该类企业的信用信息需要更加深入和详细的了解，可以在查询功能中以企业名称为关键词进行查询，从而获取有关该企业历年信用状况的详细信息。对于信用状况变动幅度较大的企业，需要在报告中说明其变动幅度并分析造成其变动幅度的原因。该披露安排能够将信息使用者的焦点聚集于信用状况变动幅度较大的企业之上，提醒信息使用者该类企业在交易过程中存在着失信风险，需要引起足够的重视。

对企业交易过程中的失信、守信行为以及相关惩罚和奖励措施进行公示，是对装备行业中发生的各类失信、守信的行为进行的及时反馈，让企业的失信、守信行为能够短期内为信息使用者和同行所了解。对于企业信用行为进行及时的公示，能够让声誉机制更加快速地发挥作用，从而更加有力地影响企业在交易过程中关于失信、守信的决策。在公示其行为的同一时间段内，平台会根据信用体系中的促成维护机制对于失信、守信行为的处理规定，对行为实施的惩罚和奖励措施进行及时的公布，让其他企业更加深刻体会到信用体系对提升行业信用状况的决心。信用信息平台及时公示此类信息，实际上是利用这些身边的生动的案例对企业交易行为进行规范，同时也有助于营造更好的行业信用文化，这对于提升装备生产企业信用水平具有更加深远的作用和影响。

对信用体系中相关政策、法律法规的公布的主要目的是对信用评级的规则、信用评级的方法、失信行为的惩罚和守信行为的奖励措施等信息进行普及，从而让各企业从本质上了解失信、守信行为的界定，失信行为的成本，以及守信行为的收益，让企业在交易时能够按照信用体系中信用促成维护机制的设计初衷来作出理性的选择。人员和组织结构等相关信息的公布能够让企业和信用信息使用者更加了解信用体系的具体情况，提高装备生产企业信用体系的透明度，有效遏制因体系内部工作人员寻租而造成的各类问题。此外，加深企业和信用信息使用者对于信用体系的相关情况的认识和理解，能够为两者顺利开展生产、经营和交易相关活动提供便利。

三、监督功能

装备生产企业信用体系在与外界进行信息交流时，不仅需要收集企业信用状况相关信息，还需要收集企业对于信用体系的建议和意见，这在信用信息平台监督功能中有具体的体现。监督功能的内容有两类：一类是针对企业的监督，实时了解企业的信用状况，记录企业在交易过程中的信用行为；另一类是针对体系自身的监督，了解企业对于信用体系的设计是否合理、体系运行是否存在问题。

对于企业的监督是信用信息平台征信行为的重要补充，其监督主要是通过两种渠道实现的。一种是信用信息平台的工作人员主动对于各企业在交易过程中的信息进行收集、汇总。通过此渠道收集信息是以信用平台为主体主动进行的活动，因此在信息质量上具有一定程度的保证。信用信息平台对于信息采集的对象和角度能进行主动的选择，对于信息收集的整个过程也能够进行有效的控制。虽然这类监督功能可以对企业的信用行为进行针对性的、高效的监督，但是在收集过程中需要消耗大量的人力物力，这必然会导致信用信息平台运行成本的提高。为了缓解在进行主动监督时信用体系运行成本过高的问题，我们要合理安排主动监督功能的实施细节，明确主动监督的对象、目标和方式，否则此功能就会与信用信息平台的年度征信行为重复，造成不必要的资源浪费。

另一种监督是通过相关企业或社会人员对于企业失信行为或守信行为进行反馈，信用信息平台被动获取信用信息，在此称为社会监督。为实现该监督功能，我们需要在信用信息平台上提供诸如电话、留言板、电子邮箱、微信公众号、邮箱等反馈渠道，方便相关人员及时举报企业失信行为，为信用信息平台提供企业信用行为等相关信息。通过此渠道收集信息的成本较低，但是信息的来源不稳定，无法进行针对性的信息收集，而且信息的时效性也无法保证。因为信息的质量无法保证，所以一般不可直接使用，需要在信息汇总后先对其进行甄别，在确定了信息的真实性之后才能合理地使用，并对信息的提供者给予物质或精神上的一定奖励。[39] 这种监督功能是利用企业之间的同行监督以及通过奖励驱动的社会监督来实现的，能够充分调动企业和社会的积极性，鼓励他们从自身的角度出发，将日常生活、交易中发现的问题，利用平台提供的各种渠道，以匿名或实名的方式向信用信息平台提交，以期不断改善信用信息平台的运行效率。

在对体系自身进行监督时，若采用主动监督的方法，则该监督的过程就会变为体系的自我监督。一般而言，自我监督虽然能够对信用体系的运行状况进行监督，但是效果却不尽如人意。因此，我们选择社会监督的方法来对体系自身的运行进行监督。在实施体系的社会监督时，会采用与对企业监督中社会监督相同的方式和渠道并将两者进行整合，这样能够在保证社会监督效果的同时进一步降低实施监督功能的整体成本。

第四节　信用信息平台机构设置

为满足建立信用信息平台的需求，承载平台各运行环节，实现装备生产企业信用信息平台的基本功能，现分别从实体机构设置和网络平台设置上对信用信息平台的机构设置方面进行梳理。

一、实体机构设置

在实体机构设置上，为了利于实现装备生产企业信用信息平台信息发布、查询和监督的功能，我们将信用信息平台的实体机构设于中央军委装备发展部下辖的装备采购信息服务中心。作出这样的机构设置决定主要是基于三个方面的考虑：一是承担任务的相似性，二是硬件基础，三是管理成本。

从承担任务的相似性上来看，装备采购信息服务中心的主要任务是为装备采购方和参与采购的企业双方提供军队装备采购相关信息。它作为装备采购需求信息的权威发布平台，是收集和汇总优势民营企业产品和技术信息的权威机构。这与装备生产企业信用体系需要承担的任务是类似的，都是为装备采购方和参与采购的企业双方提供信息类服务。因此，将信用信息平台的实体机构设置在装备采购信息中心内能够有效地整合两个机构的职能，提高两者的运行效率。

从硬件基础上来看，装备采购信息服务中心在党的十八大之后就已经成立并开展过一段时间的工作了，在全国范围内已经成立了一个装备采购信息服务中心和分别坐落于重庆、上海、沈阳、西安、深圳的五个分中心，中心及各分中心硬件设施齐全，基本能够满足工作的需求，实现军向民信息发布、民向军信息推送、军地需求对接和信息动态监测等相关功能。根据上文中的分析，我们了解到装备生产企业信用信息平台和装备采购信息服务中心承担的任务是相似的，因此将信用信息平台设于装备采购信息服务中心之中能够依托其现有的硬件基础，帮助信用信息平台更好完成其在信用体系中担负的任务。

从管理成本的角度而言，将信用信息平台设置在装备采购信息服务中心能够在顺利完成职能的同时大幅削减建设的投入及维护性经费，避免了重复投资的发生，有效降低了信用信息平台的管理成本。

综上所述，装备生产企业信用信息平台设置于装备采购信息服务中心内是最合理、科学和经济的选择，装备生产企业能够以此为基础更好履行自己的职能。

在信用信息平台内部机构的设置中，将会采取与装备采购信息服务中心内部机构相似的结构，即在北京成立一个装备生产企业信用信息平台中心，并在全国范围内以装备采购信息服务分中心为基础，建立与之对应的信用信息平台分中心。这样的机构设置能够充分利用装备采购信息服务中心的资源，为信用信息平台开展工作提供良好的基础。在征信、记录、发布、反馈和维护环节，能够将两者的工作进行整合，以在保证两者工作质量的前提下提高工作效率。

二、网络平台设置

装备生产企业信用信息平台主要依靠官方网站作为信息发布的主要渠道，因此建立官方的、权威的网络平台是信用信息平台机构设置中的重要工作之一。

在网络平台设置上，我们可以依托全军武器装备采购信息网来实现。该网站的首页如图5－1所示，从中不难看出网站在栏目设置上分成采购需求、军品配套、采购公告、集中采购、政策法规、专利与成果、民参军指导、企业与产品、服务指南九个部分，因此在装备生产企业信用信息平台的相关内容整合进该网站的过程中，我们可以对信用体系网络平台的设置作出如下安排。

图5－1　全军武器装备采购信息网

一是将关于信用体系基本情况、信用评级相关规则、促成维护机制中的奖惩细则等相关信息的发布归入"政策法规"栏目中。

二是将评级结果及企业相关信用信息放于"企业与产品"这一栏目中。"企业与产品"栏目是以查询的形式呈现的，这与信用信息平台中的查询功能完全匹配，可以在企业查询结果后附上该企业的信用评级相关信息来实现信用信息平台的查询功能。

三是将企业失信行为及该行为受到的处罚、企业守信行为及该行为受到的奖励等相关信息放于"采购公告"栏目中，其中具有重大影响的情况放于网站首页上的"头条"栏目中。

四是在网站首页的服务大厅板块中，新增"意见反馈"板块，以匿名留言的形式实现信用信息平台的监督功能。在网站首页右上角"关于我们"的链接中提供联系信用信息平台的方式和渠道，以此作为"意见反馈"板块的补充。

除了上述官方网站形式的网络平台建设，我们在公众号等相关新媒体的网络平台的设置上也将采取与官方网站类似的方案，以形成多维度的、功能完善的信用信息网络平台。

| 第 六 章 |

装备生产企业信用评级体系

在装备生产企业信用体系中，信用评级体系是完成信用体系职能的重要依托，只有在对装备生产企业的信用状况进行一个准确的评级的基础上，才能让信用信息使用者能够对某一企业的信用状况有一个更加直观的了解和认识，让信息使用者在不同企业之间进行量化的对比和决策。从企业的角度来看，对其信用状况进行评级能够有效敦促企业保持较高的信用水平，鼓励企业在经营过程中按照诚信的原则开展交易活动。一般而言，构建信用评级体系需要依次经历指标选取、模型构建、实证研究三个步骤，下面按照此顺序对信用评级体系展开研究。

第一节　装备生产企业信用评级指标选取

信用评级指标选取实质上是选取对企业进行信用评级的角度，即明确从哪些方面衡量一个企业信用水平的标准。在指标的选取上，不仅要借鉴现有的、较为成熟的信用评级方式中采用的指标，而且还需要结合装备生产企业的具体情况进行相应的调整，使得信用评级指标的选取更加贴合我国装备生产企业的实际状况，让我们通过指标能够准确洞悉企业的信用水平。

一、指标选取的原则

在选取装备生产企业信用体系评级指标时，必须要遵循科学性、客观性、针对性和可操作性的原则，只有在满足上述原则的前提下开展指标选取工作，才能使信用评级的指标准确体现企业的信用状况，满足装备生产行业的实际情况。

1. 科学性原则

科学性原则是指在选取信用评级体系的指标时，必须要深入研究现有的、经过理论论证和实践检验的信用评级的各种方法和模型，了解其在选择指标时的依据和方法，并深入分析各方法的适用条件与优缺点。[40]同时，也要对我国装备生产企业的具体营业状况和运作方式有深刻的理解，这样才能在选取指标时切实符合行业的特点，从指标的角度出发能够真实反映出企业的信用状况。[41]对上述两者进行综合考量，以科学的评级指标选择方法为指导，以装备生产企业的实际为依据，对信用评级的指标进行遴选，得出严谨的信用评级指标。

2. 客观性原则

客观性原则是指在选取信用评级体系指标之时，要从客观的角度出发，根据装备生产企业的实际状况，选择那些确实能够表现出企业信用状况的指标，不能仅凭主观臆断。[42]客观性原则主要包括两个方面：一个方面是选取指标的方式要客观，即在选择的过程中不仅仅要通过第三方的资料了解装备生产行业，还要亲自对实际情况进行深入的调研，得到与行业现状最贴切的指标体系；另一个方面是确定指标的权重要客观，要根据现实中各指标对于企业信用状况的重要程度，厘清各指标间的关系，让各指标间的权重切实符合装备生产行业的客观情况。

3. 针对性原则

在指标选取的过程中，需要在借鉴一般性信用评级指标体系构建的基础上，根据装备生产行业与一般行业相比具备的特殊性，对指标体系进行针对性的设计。一般性的信用评级指标体系虽然能够反映某一企业的信用状况，但是装备生产企业在生产经营的模式上与一般企业具有较大的差异。直接套用一般性的信用评级指标体系容易造成信用评级结果失真，要获得准确的信用评级结果就必须选取与装备生产企业相配套的指标体系。对信用评级指标体系进行针对性的设计，也是科学性原则和客观性原则的必然选择，在尊重不同企业的共性的同时也要针对企业之间的个性对评级指标体系进行修正，才能得出专属于装备生产企业的信用评级指标体系。

4. 可操作性原则

信用评级指标体系是开展信用评级的重要基础，设计指标体系的意义也在于对企业进行真实有效的信用评级，因此，指标选取最终必须要着眼于信用评级的实施，这也是建立信用评级指标体系的实际意义所在。鉴于此，在进行指标选取时要充分考虑指标体系的可操作性。可操作性原则主要包括两个方面的含义：一是能够收集指标涉及的数据，存在切实有效的途径来获取相关的数据，指标之间进行的数据处理顺利开展，使得整个指标体系能够实际运行下去；二是指标涉及的数据的真实性能够保证，在数据收集过程中，要突破人员的素质、数据收集采用的方法等相关条件的局限性，使得获取指标相关数据的真实性得到保证，避免造成指标体系失效。因此，在选取指标时，充分考虑可操作性才能保证指标体系具有实际意义。

二、指标确定

在明确了选择信用评级指标的原则之后，需要据此对指标进行选定。一般而言，信用评级的指标是从财务指标和非财务指标两个方面进行的。其中财务指标对于衡量企业的短期信用状况比非财务指标更加具有优势，而非财务指标对于企业长期信用状况的衡量更具有优势。总体上，财务指标比非财务指标更加具有可操作性，在获取财务指标和确定权重时更加容易。下面分别对与企业信用状况相关联的财务指标和非财务指标进行说明。[43]

1. 财务指标

对于企业而言，其营业状况是决定信用水平的重要因素之一。企业的经营状况良好意味着其资产负债率合理、盈利水平能够偿还当期及未来负债、拥有健康的现金流等，这为企业能够按照合同履行义务提供了良好的物质基础，反之，则会提高企业履行义务的难度。现在对于企业经营状况的判断主要是基于企业的年报，其中最关键的三张报表为资产负债表、利润表和现金流量表。结合三张报表表现出来的企业在资产负债、盈利能力、现金流的状况能够对该企业的经营状况有较为全面的了解。三张报表中包含的财务指标主要分为资产负债类指标、收入费用类指标和现金流指标三类。

资产负债指标主要包括总资产、总负债、所有者权益。鉴于企业现金状况对于企业的信用状况具有重要影响，因此选取信用指标时需要对资产的变现状况和负债的流动性进行专门的考察，重点关注流动资产、非流动资产、流动负债和非流动负债等。

能够体现企业收入和利润状况的相关指标主要有营业收入、营业支出、利润总额、所得税费用、净利润和其他相关费用，该指标集合主要考察企业在生产和经营的过程中的资金运行状况，以及企业的盈利能力。若收入和利润相关指标表现出企业的状况较为良好，则企业具备一定的实力对负债进行偿还，有能力投入充足的资金开展生产活动，其信用状况自然较为良好。

现金流指标主要包括经营活动现金流量、投资活动现金流量、筹资活动现金流量、期初现金及现金等价物余额、期末现金及现金等价物余额等，其中涉及的具体科目主要包括处置交易性金融资产净增加额、收取利息、手续费及佣金的现金等经营活动现金流入，支付利息、手续费及佣金的现金、支付的各项税费、支付的其他与经营活动相关的现金等经营活动现金流出，还有各类投资和筹资活动现金流出和流入。

在上述三项基本财务指标的基础上，还有专门针对企业的偿债能力、盈利能力、营运能力和企业成长能力等信用能力的相关指标，列于表6－1。

表6－1 企业财务指标列表

指标衡量	指标名称
偿债能力	资产负债率、流动比率、速动比率、营运资本、现金比率、现金流量比率、产权比率、权益乘数、长期资本负债率、利息保障倍数、现金流量利息保障倍数、现金流动负债比率
营运能力	应收账款周转率、存货周转率、流动资产周转率、营运资本周转率、非流动资产周转率
盈利能力	营业净利率、总资产净利率、权益净利率、盈余现金保障倍数、净资产收益率
成长能力	主营业务增长率、主营利润增长率、净利润增长率、股本比重、固定资产比重、利润保留率、再投资率

其中，偿债能力相关指标是所有信用评级指标体系中都会涉及和关注的指标，是对企业能否如约偿还当期债务能力的考察，能够确定企业是否会因资不抵债的问题而产生失信风险。偿债能力的高

低与企业信用等级的高低具有紧密的联系，一般而言两者呈现正相关关系。

营运能力是指企业经营运行的能力，它体现了企业运用各类资源来获取利润的能力，准确地反映了企业对经济资源管理的效果的好坏和运用经济资源效率的高低。企业的经营运行安排是否符合市场环境，能否让企业合理高效地运行，都能够通过观察营运能力相关指标得出较为准确的结论。企业的资金周转越快，资产流动性越高，表明企业运用资产来获取利润的速度越快，那么企业通过短期的运行获得所需偿还的资金的能力也就越强。良好的营运能力能够为企业提供健康的现金流，保证了企业整体处于健康的运行状况之中，为企业履行合同提供了良好的内部环境。

盈利能力是企业获取利润能力，是企业资金或资本进行增值的能力。盈利能力相关指标一般与企业利润相关，能够合理地衡量企业在本期是否能够通过生产经营在期末如约偿还当期债务。位于生产周期不同位置的企业，其盈利水平和能力会呈现出较大的波动，如在企业开展新的生产科研项目的初期，因投资数额大、资金尚未回流，其盈利水平在短期内处于较低的水平，而当项目进入正常运行状况后，盈利水平则会回升，并在此后超过波动前的水平。对企业进行信用评级时，不能仅通过对盈利能力指标本身的考察就得出企业的信用水平，要结合企业的具体情况进行综合考量。

成长能力是企业拓展生产规模进行再生产的能力，可以用于考察企业利用盈余公积或其他方融资来扩大自身规模的能力。考察企业的成长能力实质上是预测企业未来的发展前景，在财务指标方面主要体现在利润、所有者权益、总资产、市场占有率等数值的增长上。拥有良好的成长能力的企业，能够在运行经营过程中不断扩大再生产，提升企业的体量，让企业盈利能力稳步上升。成长能力对

111

于企业进行长期的信用评级具有重要的意义，具备较高的成长能力的企业，能够保证企业在相当长的时期内稳定地运营和盈利，这对于企业长期的信用状况有着正向的促进作用，反之，则具有逆向的阻碍作用。

上述各项财务指标是从财务角度对装备生产企业信用状况进行衡量的路径，能够利用财务信息的内涵对企业开展较为全面的信用评级。

2. 非财务指标

非财务指标主要是从除财务角度的其他角度对企业进行信用评级，主要包括企业外部环境、企业高管素质、企业素质、企业交易行为记录等。这些指标虽然无法如财务指标一样定量对企业信用等级进行评定，但是可以作为衡量企业信用状况的重要依据。非财务指标不但能够为财务指标提供辅助说明，而且在一些方面对于企业信用等级评价具有举足轻重的意义。

企业的外部环境主要是指国家宏观环境、行业环境、上下游厂商情况、地区经济状况、政府或政策的支持、地区信用文化、技术环境等。这些外部环境虽然不会直接作用于企业，但是会间接地对其产生潜移默化的影响，该影响的范围涵盖了从企业的生产经营至具体的交易行为的各个方面，此影响在企业的信用状况中尤为突出。虽然这些影响不能完全进行量化，但是在对企业开展信用评级的工作过程中，只有对其外部环境进行全面、深入的分析，才能使评级的结论符合企业的实际状况。

企业高管素质主要包括企业高管人员构成、企业股权状况，以及高管人员管理水平、受教育程度、个人信用状况等。企业高管是直接对企业的生产经营活动进行管理和规划的人员，其管理水平和受教育水平等情况能够在一定程度上影响企业未来发展的水平，也影响着企业在运营过程中的稳定性。通过对企业高管人员进行考量，能够从宏观上充分了解企业发展的现状以及对企业未来的发展方向进行预测。企业高管个人的经济状况、受教育的程度和信用状况也能够对企业的信用状况产生举足轻重的影响。

企业素质主要包括管理素质、员工素质和技术装备素质等，其中管理素质是指企业的经营管理理念、管理的基本工作、方法手段和企业管理系统的科学性，员工素质是指员工从事某项工作所需具备的知识、技巧、品质及工作能力等，而技术装备素质是指企业拥有的技术装备的先进性和规模。[44]通过对管理素质、员工素质和技术装备素质的考察，能够从微观上了解企业各方面的实际状况，深入发掘企业拥有的人力和物力资源。对企业物质基础有了充分的了解后，综合考虑企业的实力在企业的信用评级中的影响，以得到更为全面和客观的结论。

企业交易行为记录是指装备生产企业在之前进行装备方面交易的过程中的具体交易状况的记录，这些记录能够有效地反映企业在装备方面进行交易的习惯。对于企业的交易行为记录进行研究，能够详细地掌握企业在过往的装备交易中的信用表现，这对于评价企业现阶段的信用状况和预测企业在接下来的交易活动中的信用表现具有重要的现实意义。

除了上述的指标，还有很多与企业信用评级相关的非财务指标，在设计装备生产企业信用评级的指标体系时，需要对这些指标进行较为全面的考察，寻找出对于装备生产企业信用状况评估具有重要意义的指标体系。

综合上述财务指标和非财务指标，遵循指标选取的原则，结合现有的惠誉国际、穆迪公司[45]、标准普尔公司、中诚信、工商银行[46]以及其他有关我国企业信用评级指标体系构建[95-111]的相关文献，并充分考虑装备生产企业的特殊性，可以初步确定装备生产企业在开展信用评级过程中采用的财务指标为资产负债率、流动比率、速动比率、现金流动负债比率、总资产净利率、营业净利率、应收账款周转率、存货周转率、流动资产周转率、销售收入增长率、主营业务增长率、主营利润增长率、净利润增长率；非财务指标为行业环境、产业政策、企业高管素质、企业素质和企业交易记录。将上述财务指标和非财务指标按照不同类型进行归纳，得出表6-2。

表6-2　指标体系

偿债能力	盈利能力	营运能力	成长能力	企业外部环境	企业内部环境
资产负债率	总资产净利率	应收账款周转率	销售收入增长率	行业环境	企业高管素质
流动比率	营业净利率	存货周转率	主营业务增长率	产业政策	企业管理素质
速动比率		流动资产周转率	营业利润增长率		企业员工素质
现金流量债务比					企业技术装备素质
					企业交易行为记录

三、指标比重确定

在明确了信用评级的指标之后，需要调整各个指标之间的比重，以此来凸显出不同指标在评价企业信用状况中的重要程度。在确定指标比重时，我们采取的是层次分析法。层次分析法，简称AHP，是将与决策相关的元素分解成多层次后进行定性和定量分析的方法。[47]使用层次分析法应先明确总目标，将总目标分解为不同的层次结构，求解判断矩阵特征向量，再用加权和的方法递阶归并各方案对总目标的最终权重，最终权重最大的就是最优方案。

1. 建立层次目标模型

在建立企业的信用评级指标体系时，根据层次分析法可将最高层的主目标确定为合理评价企业信用状况，次目标将主目标分解为评价企业的偿债能力、盈利能力、营运能力、成长能力、企业外部环境、企业内部环境六个目标。各次目标下，有相对应的具体的衡量指标。据此，可以将层次目标的模型归纳为表 6-3，其中 A_n $(1 \leqslant n \leqslant 6)$ 为次层次目标，$B_m (1 \leqslant m \leqslant 19)$ 为具体的衡量指标。

表6-3 层次目标模型表

主目标	评价企业信用状况					
次目标	偿债能力 A_1	盈利能力 A_2	营运能力 A_3	成长能力 A_4	企业外部环境 A_5	企业内部环境 A_6
具体指标	资产负债率 B_1	总资产净利率 B_5	应收账款周转率 B_7	销售收入增长率 B_{10}	行业环境 B_{13}	企业高管素质 B_{15}
	流动比率 B_2	营业净利率 B_6	存货周转率 B_8	主营业务增长率 B_{11}	产业政策 B_{14}	企业管理素质 B_{16}
	速动比率 B_3		流动资产周转率 B_9	营业利润增长率 B_{12}		企业员工素质 B_{17}
	现金流动债务比率 B_4					企业技术装备素质 B_{18}
						企业交易行为记录 B_{19}

2. 建立指标矩阵

建立层次目标模型完成后，需要对上述模型中各因素两两之间的重要性进行比较，按照表6-4中的评判标准得出重要性的标度矩阵。

表6-4　标度定义表

标度 a_{ij}	定义
1	i 因素与 j 因素同样重要
3	i 因素比 j 因素稍微重要
5	i 因素比 j 因素较为重要
7	i 因素比 j 因素非常重要
9	i 因素比 j 因素绝对重要
2，4，6，8	为上述相邻判断的中间值
倒数	若因素 i 与因素 j 的重要性之比为 a_{ij}， 则因素 j 与因素 i 的重要性之比 $a_{ji} = \dfrac{1}{a_{ij}}$

将因素 i 与因素 j 进行两两比较，可以得出两个元素之间的相对重要性，通过标度来表示其程度，其后将获得的 a_{ij} 组成矩阵可以得到如下的比较矩阵。

$$A = \begin{bmatrix} a_{11} & a_{12} & \cdots & a_{1n} \\ a_{21} & a_{22} & \cdots & a_{2n} \\ \vdots & \vdots & \vdots & \vdots \\ a_{n1} & a_{n2} & \cdots & a_{nn} \end{bmatrix} \tag{6.1}$$

接着对该矩阵进行处理，求出其特征向量。具体步骤如下。

步骤一：对第 j 列的元素进行求和，将其记为 a_j。

$$a_j = a_{1j} + a_{2j} + \cdots + a_{nj} \tag{6.2}$$

步骤二：将 A 矩阵中的每个元素除以该元素所在列的元素之和

a_j，将计算后的每个元素对应地记为 b_{ij}，将处理后所得的矩阵记为 $\boldsymbol{B}$ 矩阵，称为标准的两两比较矩阵。

$$\boldsymbol{B} = \begin{bmatrix} b_{11} & b_{12} & \cdots & b_{1n} \\ b_{21} & b_{22} & \cdots & b_{2n} \\ \vdots & \vdots & \vdots & \vdots \\ b_{n1} & b_{n2} & \cdots & b_{nn} \end{bmatrix} \tag{6.3}$$

其中 $b_{ij} = \dfrac{a_{ij}}{a_j}(i, j = 1, 2, \cdots, n)$

步骤三：求取 $\boldsymbol{B}$ 矩阵中每一行元素之和的平均值，将此平均值作为统一标准衡量下的每个因素的权重值。

$$b_i = \frac{b_{i1} + b_{i2} + \cdots b_{in}}{n} \tag{6.4}$$

步骤四：对矩阵 $\boldsymbol{A}$ 进行一致性检验，若 $\boldsymbol{A}$ 矩阵中任意元素都满足式（6.5），则称 $\boldsymbol{A}$ 矩阵符合一致性条件。

$$a_{ii} = 1, a_{ij} = \frac{1}{a_{ji}}, a_{ij} = \frac{a_{ik}}{a_{jk}}(i, j = 1, 2, \cdots, n) \tag{6.5}$$

由于两两比较矩阵 $\boldsymbol{A}$ 是基于所有元素进行两两比较之后得出的，为防止不相同的两个元素进行对比得出的结果存在差异，必须对矩阵 $\boldsymbol{A}$ 进行一致性检验。

步骤一：将矩阵 $\boldsymbol{A}$ 与其所对应的特征向量相乘，得到由新向量组成的矩阵 $\boldsymbol{C}$。

$$\boldsymbol{C} = \begin{bmatrix} a_{11} & a_{12} & \cdots & a_{1n} \\ a_{21} & a_{22} & \cdots & a_{2n} \\ \vdots & \vdots & \vdots & \vdots \\ a_{n1} & a_{n2} & \cdots & a_{nn} \end{bmatrix} \cdot \begin{bmatrix} b_1 \\ b_2 \\ \vdots \\ b_4 \end{bmatrix} = \begin{bmatrix} c_1 \\ c_2 \\ \vdots \\ c_4 \end{bmatrix} \tag{6.6}$$

步骤二：定义 $d_i = \dfrac{c_i}{b_i}$，对 d_i 取均值，可得出矩阵 $\boldsymbol{A}$ 的最大特

征值。

$$\lambda_{\max} = \frac{d_1 + d_2 + \cdots + d_n}{n} \tag{6.7}$$

步骤三：通过式（6.8）计算可得出一致性检验指标 CI。

$$CI = \frac{\lambda_{\max} - n}{n - 1} \tag{6.8}$$

一致性检验指标 CI 的数值越大，说明矩阵的一致性越差；反之，则矩阵的一致性越好。当 $CI = 0$ 时，矩阵就达到了完全一致。在层次分析法的应用中，一般当一致性检验指标 $CI \leqslant 0.1$ 时，被检验的矩阵的一致性可以接受；当 $CI > 0.1$ 时，被检验矩阵的一致性无法接受，即不满足一致性的要求。当矩阵不满足一致性的要求时，需要重新构建两两比较矩阵，再次对所有的因素进行两两比较。

此外，当被检验矩阵的一致性与其维数有一定的关联时，一致性一般随着矩阵维数的增加而降低。因此，为了对高维矩阵的一致性进行修正，引入 RI（详见表6-5）对其进行调整。利用 RI 修正指标的调整，再计算出高危矩阵的一致性概率 CR。

表6-5　修正指标 RI 数值表

维数	1	2	3	4	5	6	7	8	9
RI	0	0	0.58	0.96	1.12	1.24	1.32	1.41	1.45

高维矩阵的一致性概率：

$$CR = \frac{CI}{RI} \tag{6.9}$$

与一般矩阵检验一致性相同，当被检验的高维矩阵的一致性达到 $CR \leqslant 0.1$ 时，矩阵的一致性才可被接受；若一致性结果不可被接受，则需要重复上述步骤，直至其一致性检验结果可以被接受。

依据上述方法，将各次层次目标下的各指标元素进行两两比较，得出两两判断矩阵结果如下，其中 $W_n(n=1，2，\cdots 6)$ 为该层次目标下各指标元素的比重。

表6-6 企业偿债能力指标权重

A_1	B_1	B_2	B_3	B_4	W_1	CR
B_1	1	2	2	1	0.353	
B_2	$\frac{1}{2}$	1	1	1	0.206	
B_3	$\frac{1}{2}$	1	1	1	0.206	0.021
B_4	1	1	1	1	0.235	

如表6-6所示，根据此矩阵的一致性概率 $CR=0.021<0.1$ 可知，企业偿债能力指标中的资产负债率、流动比率、速动比率、现金流动负债比率符合一致性的条件。

表6-7 企业盈利能力指标权重

A_2	B_5	B_6	W_2	CR
B_5	1	3	0.75	
B_6	$\frac{1}{3}$	1	0.25	0

如表6-7所示，根据此矩阵的一致性概率 $CR=0<0.1$ 可知，企业盈利能力指标中的总资产净利率、营业净利率符合一致性的条件。

表6 8 企业营运能力指标权重

A_3	B_7	B_8	B_9	W_3	CR
B_7	1	1	1	0.333	
B_8	1	1	1	0.333	0
B_9	1	1	1	0.333	

如表 6 - 8 所示，根据此矩阵的一致性概率 $CR = 0 < 0.1$ 可知，企业营运能力指标中的应收账款周转率、存货周转率、流动资产周转率符合一致性的条件。

表 6 - 9　企业成长能力指标权重

A_4	B_{10}	B_{11}	B_{12}	W_4	CR
B_{10}	1	1	1	0.333	
B_{11}	1	1	1	0.333	0
B_{12}	1	1	1	0.333	

如表 6 - 9 所示，根据此矩阵的一致性概率 $CR = 0 < 0.1$ 可知，企业成长能力指标中的销售收入增长率、主营业务增长率、营业利润增长率符合一致性的条件。

表 6 - 10　企业外部环境指标权重

A_5	B_{13}	B_{14}	W_5	CR
B_{13}	1	$\frac{1}{4}$	0.172	
B_{14}	4	1	0.828	0

如表 6 - 10 所示，根据此矩阵的一致性概率 $CR = 0 < 0.1$ 可知，企业外部环境指标中的行业环境、产业政策符合一致性的条件。

表 6 - 11　企业内部环境指标权重

A_6	B_{15}	B_{16}	B_{17}	B_{18}	B_{19}	W_6	CR
B_{15}	1	1	1	1	$\frac{1}{2}$	0.167	
B_{16}	1	1	1	1	$\frac{1}{2}$	0.167	
B_{17}	1	1	1	1	$\frac{1}{2}$	0.167	0
B_{18}	1	1	1	1	$\frac{1}{2}$	0.167	
B_{19}	2	2	2	2	1	0.332	

如表 6 – 11 所示，根据此矩阵的一致性概率 $CR = 0 < 0.1$ 可知，企业内部环境指标中的企业高管素质、企业管理素质、企业员工素质、企业技术装备素质、企业交易行为记录符合一致性的条件。

表 6 – 12 次级指标权重

A	A_1	A_2	A_3	A_4	A_5	A_6	W	CR
A_1	1	2	1	1	1	1	0.186	
A_2	$\frac{1}{2}$	1	2	2	1	1	0.20	
A_3	1	$\frac{1}{2}$	1	1	1	1	0.147	0.039
A_4	1	$\frac{1}{2}$	1	1	1	1	0.147	
A_5	1	1	1	1	1	1	0.16	
A_6	1	1	1	1	1	1	0.16	

如表 6 – 12 所示，根据此矩阵的一致性概率 $CR = 0.039 < 0.1$ 可知，次级指标中企业的偿债能力、营运能力、成长能力、外部环境、内部环境也符合一致性的条件。至此，所有层级所有指标的一致性检验都已完成，都符合一致性的要求。

第二节 装备生产企业信用评级方法说明

在完成了企业信用评级指标体系构建后，需要对企业信用评级的方法进行说明，即对各个指标的具体分数及评分标准进行确定。在设定评判标准时需要根据各指标的具体情况设定一个区间，当指标的数值低于或等于该区间的下限值时，该指标的得分为 0；当指标的数值高于或等于该区间上限值时，该项指标的得分为满分。在计算总分时，需要将各指标的得分乘以其对应的权重，然后再相加，得出的数值就是该企业的信用评级的最终得分。

结合上文中层次分析法得出的指标权重的结果以及我国现有企业相关信用评级的标准，设计的装备生产企业信用评级方法如表6-13所示。

表6-13 装备生产企业信用评级方法

评价内容	评价指标	权重	下限	上限	评分标准
偿债能力 A_1	资产负债率 B_1	6	90%	50%	
	流动比率 B_2	3.5	0.5	1.6	
	速动比率 B_3	3.5	0.5	0.8	
	现金流动债务比率 B_4	5	20%	50%	
盈利能力 A_2	总资产净利率 B_5	15	2%	10%	
	营业净利率 B_6	5	5%	15%	
营运能力 A_3	应收账款周转率 B_7	5	50%	200%	
	存货周转率 B_8	5	20%	100%	装备生产企业主营业务的特点和周期性决定了其存货周转率和流动资产周转率相比一般企业更低，所以在设定标准时将此标准适当调低
	流动资产周转率 B_9	5	10%	30%	
成长能力 A_4	销售收入增长率 B_{10}	5	0%	20%	
	主营业务增长率 B_{11}	5	0%	40%	
	营业利润增长率 B_{12}	5	0%	10%	
企业外部环境 A_5	行业环境 B_{13}	3			行业环境利于企业发展，且社会资金对于行业的投入呈增长态势得3分；行业不利于企业发展，且社会资金正在撤出此行业得0分
	产业政策 B_{14}	13			有国家产业政策大力支持的得13分，国家产业政策抑制的得0分

续表

评价内容	评价指标	权重	下限	上限	评分标准
企业内部环境 A_6	企业高管素质 B_{15}	2.5			企业高管学历较高、经营管理能力强、个人道德和信用水平高得2.5分，企业高管学历较低、具有经营管理不善导致企业利益受损案例、个人道德和信用风评较差得0分
	企业管理素质 B_{16}	2.5			企业的经营管理理念先进，管理的基本工作、方法手段和企业管理系统具有较强的科学性得2.5分；企业的经营管理理念过时或与企业发展方向相悖，管理的基本工作、方法手段和企业管理不科学得0分
	企业员工素质 B_{17}	2.5			员工整体具备从事工作所需的知识、技巧、品质及工作能力得2.5分，员工整体不具备所需的知识、技巧、品质及工作能力或有一部分欠缺得0分
	企业技术装备素质 B_{18}	2.5			企业具备具有竞争力的技术、先进的生产装备得2.5分，企业拥有的技术过时、装备陈旧或无法满足生产需求得0分
	企业交易行为记录 B_{19}	6			企业在过往的装备交易中不存在失信记录得为6分，存在一次失信行为得为3分，存在两次及以上失信行为得0分
合计		100			

根据上述评价标准，对装备生产企业不同方面的财务和非财务指标进行评分，并将其进行汇总，得出总分，根据评级分数得出信

用等级。在信用等级的设置上，借鉴标准普尔的信用等级进行设计，共设10个等级，分别为 AAA、AA、A、BBB、BB、B、CCC、CC、C 和 D。具体按照信用分数划分的信用等级如表6-14所示。

表6-14 信用等级划分

评级总分	信用等级	信用状况
91 ~ 100	AAA	极为可信
86 ~ 90	AA	非常可信
81 ~ 85	A	可信
76 ~ 80	BBB	较为可信
71 ~ 75	BB	可能可信
66 ~ 70	B	可能违约
61 ~ 65	CCC	较为不可信
56 ~ 60	CC	不可信
51 ~ 55	C	非常不可信
低于或等于50	D	极为不可信

该企业信用评级方法并不是固定的，而是需要随着我国的国情、军情和装备企业的具体状况的变化进行调整。一般以两年为一个周期对信用评级方法的有效性、合理性进行检验，根据检验结果对信用评级体系进行改进。在对信用评级体系改进时，要结合当年装备生产行业的具体情况，合理调整信用评级的指标体系，并采用层次分析法来重新确认各指标的权重。若装备生产行业内、外部环境出现重大变化，则需要在变化出现的第一时间对评级体系进行调整，保证当年信用评级结果能够准确反映企业的信用水平。

第三节　装备生产企业信用评级的案例分析

根据上文中设计的评分方法，以2018年红外领域装备生产企业

A 为例，对该企业信用进行评级。

一、企业概况

A 公司是浙江一家研究所改制后组建而成的股份制高新技术企业，公司股票于 2008 年 2 月 18 日公开发行。股票公开发行后，公司于深圳证券交易所挂牌上市。主营业务范围是非制冷焦平面探测器、红外热像仪、红外热成像系统的研发、生产和销售。该公司股东 11 人，企业高管有 13 人，注册资本为 45866.67 万元人民币。该公司的法定代表人是大学本科学历，职称为高级工程师，享受国务院政府特殊津贴。公司的高管团队中 1 人专科学历，其余均为本科及以上学历，其中评为工程师职称的 4 人，高级程序员 1 人，国家重大专项负责人 1 人。公司员工数量为 569 人，公司内部管理模式较为先进，管理的工作和方法较为科学，企业内部控制设计完善、合理，相关财务制度规范，整个企业运行较为平稳。[①]

观察 A 公司的财务数据可得，公司具有较为稳定的现金流，能够较为轻松地偿还已有的债务，产品的销售情况较为乐观，历年纳税信用等级均为 A 级。其财务数据表明，该公司在盈利和周转能力方面的表现也较为良好。在其知识产权方面，公司拥有专利 75 项，著作权 25 项，在红外领域具有较强的技术优势。公司所处的行业环境较为良好，国家对于该领域的研究也有相关的政策支持，有利于公司未来的发展，拥有很大的发展潜力。在过往的装备交易中，未发生失信事件，合同履约情况较好。

---

① 数据来源：巨潮资讯平台。

二、企业信用评级

根据 A 公司的 2018 年年报①，结合上述企业基本情况，对其进行信用评级的具体情况如表 6 – 15 所示。

表 6 – 15 A 公司信用评级表

评价内容	评价指标	权重	下限	上限	实际值	得分
偿债能力 A_1	资产负债率 B_1	6	90%	50%	28.39%	6
	流动比率 B_2	3.5	0.5	1.6	3.10	3.5
	速动比率 B_3	3.5	0.5	0.8	1.68	3.5
	现金流动债务比率 B_4	5	20%	50%	87.23%	5
盈利能力 A_2	总资产净利率 B_5	15	2%	10%	3.8%	3.8
	营业净利率 B_6	5	5%	15%	12.96%	3.9
营运能力 A_3	应收账款周转率 B_7	5	50%	200%	105.09%	1.8
	存货周转率 B_8	5	20%	100%	53.97%	2.1
	流动资产周转率 B_9	5	10%	30%	22.26%	3
成长能力 A_4	销售收入增长率 B_{10}	5	0%	20%	40.24%	5
	主营业务增长率 B_{11}	5	0%	40%	40.46%	5
	营业利润增长率 B_{12}	5	0%	10%	81.95%	5
企业外部环境 A_5	行业环境 B_{13}	3				3
	产业政策 B_{14}	13				10
企业内部环境 A_6	企业高管素质 B_{15}	2.5				2.5
	企业管理素质 B_{16}	2.5				2.5
	企业员工素质 B_{17}	2.5				2.5
	企业技术装备素质 B_{18}	2.5				2.5
	企业交易行为记录 B_{19}	6				6
合计		100				76.6

---

① 数据来源：巨潮资讯平台。

根据评分规则得出 A 公司信用评分为 76.6 分，对应的信用等级为 BBB，属于较为可信的企业。该企业信用评级结果中扣分最多的项目是盈利能力，企业要提升信用评级结果就需要改善盈利能力，这将会有效地提升其履行合同的实力基础，提升企业的信用评分。

| 第 七 章 |

装备生产企业信用体系运行动力机制

　　一个完善的体系要维持自身高效的运行，就必须拥有与其特点相适应的体系运行动力机制，以此来不断推动体系运转，让体系持续地发挥预定的功能。[48]同理，装备生产企业信用体系要持续地运转，就必须运用动力机制理论，对各种影响因素进行系统的分析，深入理解各因素之间的关系和作用机理。在此基础上，对装备生产企业信用体系进行合理的机制设计，有序地调动系统内部各因素的积极性，让系统能够自发、高效地运行。本章主要从体系运行动力机制的功能、构成及工作原理方面，对体系运行动力机制进行了较为全面的分析。

第一节　体系运行动力机制的功能

　　体系运行动力机制对装备生产企业信用体系整体而言具有维持体系正常运行的功能，该功能可进一步细分为为保证信用体系的正常运行、促进信用体系的自我维护、推进信用体系的持续更新三个方面。下面对这三个方面的功能逐一进行分析。

一、保证信用体系的正常运行

　　体系运行动力机制的所有功能中，最为基础的就是保证信用体系的正常运行。体系要按照既定的目标长久地发挥作用，就必须要有一个有效且持续的动力源。[49]对于装备生产企业信用体系而言，体系运行动力机制就是为其提供存续基础的重要动力源泉。体系运行动力机制能够厘清体系内部各要素之间的关联，并以此为线索对各要素进行合理的引导、激发、强化和整合，促进信用体系的内部要素形成一个有机联系的整体，让信用体系以整体的形式发挥作用。

信用体系在运行过程中，主要是通过提高企业违约成本来实现对企业失信、守信决策的影响，该方法从整体上提高了企业运行的成本，必然会受到来自企业等方面的阻力。在面对外界环境的阻力时，若信用体系没有一个稳定、有力的体系运行动力与阻力进行对抗，则体系最终会无法摆脱因阻力过大而停转的宿命。[50]因此，为了让信用体系正常运行，就必须要让动力机制介入其中。当体系运行动力机制参与体系运行活动后，它能够以保证体系顺利运行为目标，综合考量各要素之间的利益诉求，整合各方的资源，充分调动体系内部要素的积极性为体系履行职能服务。

体系运行动力机制通过分析信用体系内外部因素的影响，结合装备生产行业的实际情况，充分发挥社会监督的作用，在提高信用体系的社会责任感的同时，有效地提升社会对于信用体系的认同感，从而更好激发信用体系各组成要素在运行过程中的效率。

除了直接作用于信用体系，体系运行动力机制还能利用先进的技术手段和严密的法律法规，间接地对信用体系产生促进作用。这种促进作用以改变装备生产行业环境的方式来实现，让处于该环境中的信用体系按照体系运行动力机制预定的方向，主动地履行自身的责任和义务，来实现促进信用体系运行的目标。

从本质上而言，体系运行动力机制是信用体系得以存续的最基本的保证，是实现基本职能的重要前提，只有在动力机制的作用下信用体系才能维持装备生产企业处于一个较高的信用水平。

二、促进信用体系的自我维护

信用体系在正常运转的过程中，可能会因运行环境的变化或自身在制度设计上存在的固有原因而产生各类问题。面对这些问题，不及时处理可能会导致企业无法正常发挥功能。因此，对于信用体系而言，运行动力机制的自我维护功能具有相当重要的意义，是保证体系正常运行和存续的重要功能。

体系运行动力机制的自我维护功能主要体现在两个方面。

一种信用体系的自我维护功能是当信用体系发生问题时，迅速对该问题进行分析，找出解决问题的合理方式，采用该方式对问题进行及时的处理。[51]这一维护过程不是依靠外部的力量完成的，而是通过信用体系自身内部的动力机制自发地完成的。自我维护的重要前提是发生的问题处于一定的范围内，即当出现的问题未超过体系进行自我维护范围时，体系的自我维护的功能才能顺利发挥作用。信用体系内部完善的法律法规、成熟的信用文化和企业的社会责任等现实基础都是实现体系自我维护功能的重要基石。以信用体系内部的法律法规为例，在信用体系未出现问题时，法律法规中相关惩戒的条款能够对可能出现的问题进行预防，当信用体系出现问题时，完善的法律法规中对于失信行为的准确界定会帮助人们及时察觉问题，并通过法律的途径对出现的问题进行干预和纠正，从而完成体系的自我维护。实现体系的自我维护需要体系运行动力机制明确信用体系整体的目标和内部各部门的职能与义务，让体系运行出现问题时能够及时被发现，在体系引导、激励之下来促使体系自身完成维护。

信用体系的另一种自我维护功能表现为在信用体系运行过程

中，维持体系作为一个整体的能力。[52]因为信用体系内部由多种要素构成，不同要素之间有不同的利益诉求，所以信用体系除了外部的阻力，其内部也会因需求不同而造成内部的阻力。若不能根据体系内部各要素的特点，调整和平衡各要素及其职责，就会造成体系内部各要素各部分依据自己的需求"各自为政"地开展工作。虽然从单个要素部门来看，已经发挥其全部的工作潜力，承担了较大的任务量，但是从整体来看，体系完成的工作并不是各要素部门工作量线性相加之和，即体系并未达到最佳的运转状态。其原因是体系内部不同要素之间由于缺少相应的机制进行协调，整个体系内部要素之间的工作未能合理进行组织安排，不同要素之间的工作内容重叠，甚至使得部分要素之间的工作互为阻碍，造成了资源利用的低效率，最终呈现出"1+1<2"的效果。体系运行动力机制对内能够协调各方需求，从整体的角度对体系运行进行安排，充分挖掘体系内部各要素的潜力，发挥各自的功能，让各要素在动力机制的维护下，向着同一方向发力，最终在体系内部形成合力，达到"1+1>2"的效果。

三、推进信用体系的持续更新

信用体系若要长久地保持其有效性，就必须随着社会环境和行业环境的变化，对体系自身进行持续的更新。[53]信用体系的外部环境处于不断的变化和运动之中，在完成信用体系建设之后的短时间内，体系能够有效适应当前的行业环境，按照预定的方针稳定地发挥体系的功能。但是一段时间后，外部环境的变化将会使得信用体系的适用条件不再与外部环境相一致，体系因此无法维系之前的运行效率。当外部环境与信用体系适用条件之间的差距达到一定程度时，信用体系会完全失效。这里信用体系的失效具体表现为信用体系无法继续通过信用评级、信用信息发布、失信惩戒等方式提升装备生产企业的信用状况。以信用评级为例，信用评级的规则在设计初期对于装备生产行业当时的情况而言是恰当的，但是随着装备生产行业的技术进步、工艺改进、产品需求改变等要素的变动，继续按照原来的规则开展信用评级工作则无法准确反映企业的信用状况。由此可见，信用体系的持续更新对于保持整个信用体系运行效果具有举足轻重的地位。

体系运行动力机制能够根据环境的变动来调整体系自身，不断推动信用体系的持续更新。体系运行动力机制要求信用体系以年为周期，对外部环境和体系自身的契合度进行审查，当体系外部环境出现较为大幅的变化使得信用体系无法与之相适应时，信用体系就会及时对自身内部相应的要素进行调整，重新设计相关制度和组织结构，使之能够快速适应新的环境，让信用体系恢复外部环境变动前的运行效率。体系运行动力机制推进信用体系持续更新的过程，实质上是在保证信用体系正常运行和自我维护的基础上，促进体系不断学习先进的信用管理经验和信用管理的前沿技术，并将之本地化后应用于装备生产企业信用体系的具体实践。在这个过程中，信用体系能够始终维持其先进性，实现在降低信用体系运行成本的同时不断提升信用体系来改善装备生产企业信用状况的效果。

从另一个角度来看，体系运行动力机制在推动信用体系持续更新的过程，就是使信用体系不断进行"帕累托优化[①]"，逼近"帕累托最优[②]"的过程，只是信用体系所处的环境并不是固定的，而是处

---

① 帕累托优化，是指在没有使任何人境况变坏的前提下使得至少一个人变得更好。

② 帕累托最优，是指资源分配的一种理想状态。假定一群人的人数和可分配的资源量是固定的，从一种分配状态到另一种状态的变化中，理想状态就是在没有使任何人境况变坏的前提下，尽可能多的人变得更好。

于不断变化的动态之中。体系运行动力机制保证了信用体系在运行过程中不断与外部环境进行信息交换，寻求信用体系在运行过程中虽然能够满足体系运行的目标，但是依旧存在能够进一步改进的方面，以提升体系运行的效率为目标，自发对体系进行优化，使得整个信用体系在运行效率和效果上更加符合预期目标。在体系运行动力机制的作用下，信用体系也随着外部环境而变化，成为一个动态的体系，使得装备生产企业信用体系能够永葆活力。

第二节　体系运行动力机制的构成

体系运行动力机制并不是从单一的方向和角度对装备生产企业信用体系进行作用的，而是根据动力的来源和特点，分别以牵引力、推动力和约束力的形式从不同的方向对信用体系进行影响，最终体系运行动力机制的作用效果是协调三者之间的关系后共同作用的结果。

一、牵引力要素

在物理领域，牵引力是包括汽车、铁路机车、自行车等轮式车辆载具的传动系统对车轮产生旋转力矩，通过动轮与地面或钢轨之间的相互作用而产生的。简言之，牵引力就是一物体对另一物体进行定向的吸引，使其朝向自身进行运动的作用力。在此处，信用体系中的牵引力要素与物理上的牵引力的概念具有一定程度上的相似，是指通过诱导和激励等方式对信用体系进行作用，以牵引的方式为装备生产企业信用体系提供动力的要素。[54]牵引力要素能够定向地为装备生产企业信用体系提供前进的动力，牵引力在体系运行动力机制中能够有效控制信用体系的动力方向，是保证信用体系在保持自身动态同时控制好自身方向的重要动力。

根据牵引力要素的作用形式可以将其划分为政策导向要素和利益导向要素。政策导向要素主要是指通过政府政策的支持或信用体系内部政策的引导，来为信用体系的运行、维护和更新提供动力。[55]利益导向要素主要是指通过直接的物资、货币等利益奖励为导向，引导信用体系向前发展。两者都遵从了经济理性人假定，充分利用企业家逐利的本性，来对企业进行正向的引导。

牵引力要素的优点在于能够充分调动装备生产企业信用体系内部各要素的积极性，在平衡各方需求的前提下，寻找与之相适应的切入点，让信用体系按照施力者的意愿进行运转。因此，牵引力在体系运行动力机制中的主要功能体现在保证信用体系的正常运行和持续更新两个方面。牵引力要素主要采用较为温和的、非直接的、非强制性的手段，通过利益来诱使信用体系按照既定的方向来运转。牵引力在对信用体系进行作用的过程中，能够在获得预期效果的同时大幅度降低可能随之而来的副作用，对信用体系进行有针对性的影响，促进信用体系不断优化，提升自身的运转效率。

牵引力要素的缺点主要在于信用体系内部各要素之间的利益诉求不同，在设定导向政策和利益时难以把握，这容易造成牵引力难以按照既定的目标发挥作用，无法激发信用体系内部各要素的潜力。此外，因为外部环境的细微变化会对牵引力造成大幅度的强化或阻碍，影响牵引力要素最终发挥的效果，所以在预估牵引力要素预期产生的效果时，需要充分考虑信用体系外部环境的具体情况。因此，利用牵引力要素在操作上具有较大的难度，运用牵引力要素之前需要经过多个方面的论证，才能付诸实施。

二、推动力要素

在信用体系中，推动力要素指的是对信用体系的运行具有推动作用的要素，推动力造成的效果与其推动力的大小成正相关。推动力要素主要包括信用管理相关理念的进步、信用管理技术的发展、法律法规的完善等，这些推动力要素能够保证装备生产企业信用体系自发地进行正常运行和持续更新。

推动力要素一般是来自外部环境，外部环境的变化在一定程度上迫使信用体系为保持自身的有效性而进行相应的改变，根据外部环境的变动情况，不断地优化自身，让自身随着外部环境的变动而变动。[56]推动力元素可以是人为设置的，也可以是外界环境自发进行的变化，如科学技术的进步、管理理念的改变等等。

推动力要素的优点是能够为信用体系的运转和更新提供直接、强劲的动力，可以对信用体系产生直接的影响。相比牵引力，推动力生效更快。一般而言，推动力对于信用体系的作用力比牵引力更加有力，在相同条件下，推动力比牵引力对于信用体系的影响更加显著。这是由于推动力对于信用体系的作用更加直接，中间不必经由其他媒介，减少了受到的阻力，而牵引力则是间接对信用体系作用，在作用过程中会受到更多的阻力，影响了其对信用体系作用的效果。此外，推动力元素一般都是因整个社会环境的变化而产生的，因而相比于牵引力，采用推动力要素对信用体系进行影响所需的成本更低。

推动力要素的劣势在于无法如牵引力一般对作用的效果和方向进行精准的控制，因此难以对推动力要素的影响进行有效的预测，容易造成信用体系难以按照预定的方向进行发展，在某些时候推动力造成的影响甚至有可能与预定的方向相悖。推动力要素的这一劣势是由推动力要素自身的特点决定的，推动力一般是社会大环境的变动而形成的，因此体系动力机制要利用推动力就必须因势利导。在运用推动力要素推动信用体系运行和更新的同时，保证信用体系按照既定的方向运转是合理运用推动力要素的关键，我们需要充分考虑其可能对信用体系造成的影响，针对影响提前做出相对应的预案，以应对可能出现、与预计情况具有一定差距的情形发生，尽可能地降低造成的损失。

三、约束力要素

约束力在物理学中是指物体受到一定场力（仅由空间位置决定的力叫场力）限制的现象。在信用体系的运行动力机制中，约束力是指对信用体系运转的方向进行约束并维持信用体系为一个整体的作用力要素，主要包括法律法规、社会监督、道德准则等要素。约束力要素是体系运行动力机制中实现体系自我维护功能的主要方式，是维系信用体系内部联系使其成为一个有机整体的重要力量。

根据约束力的不同作用形式，我们在分析时可将其分为法律法规和社会监督和道德准则两个大类。

约束力要素中的法律法规通过法律途径对信用体系的运行进行规范，即利用强制性的规章制度来促使信用体系在既定的范围内运转。[57]当信用体系的运行方向出现问题，或信用体系内部各要素之间的分工合作出现不可弥合的矛盾时，法律法规将会运用其强有力的手段来纠正已发生的问题，让信用体系重新回到既定的轨道上。法律法规这一约束力要素的优点在于法律手段特有的强制性，这不仅体现在信用体系在运行过程中出现问题后，法律法规能够快速纠正问题，还体现在法律法规能够有效预防信用体系运行问题的发生，这是其他要素所不具备的。但是法律法规的劣势在于，制定法律法规的过程需要耗费巨大的人力、物力，且制定法律法规也需要相对较长的周期，在法律法规制定完成后还有必要定期对其进行更新和修订，这样会无形中提高信用体系的建设成本。

社会监督和道德准则要素则是通过社会中约定俗成的道德准则和社会对于信用体系的监督来实现的。[58]其优点在于充分调动了内外部环境中人们的主观能动性，让所有人都参与到信用体系的运行、维护之中。因为该行为是自发的，所以利用该类型约束力促进信用体系自我维护的成本大幅降低。但它也因此不具有强制性的特点，使得其形成的约束力相比法律法规而言更加微弱一些，对于信用体系的影响也相对更小，因而作用也较为有限。此外，社会监督和道德准则的作用力，很大程度上取决于社会对信用体系的关注度、对信用管理的了解程度和组织文化等因素的影响。以社会监督为例，当人们对于信用管理了解程度较深时，能够清楚地发现信用体系在运行中出现的问题，若此时社会对于信用体系有较高的关注度，人们就有动力和意愿将发现的问题反馈给相关部门，促进信用体系针对问题进行自我维护。因此，在运用社会监督和道德准则等约束力要素时，要分析社会环境对于约束力作用效果的影响，这样才能准确地估计约束力要素可能带来的效果。

第三节　体系运行动力机制的工作原理

在深入分析体系运行动力机制的功能和构成的基础上，我们对体系运行动力机制的工作原理进行分析，即分析牵引力要素、推动力要素和约束力要素具体包括哪些因素，如何作用于装备信用体系，作用于信用体系时会带来何种效果，以及三种要素如何互相作用、联动促进信用体系开展各项工作。

一、牵引力要素工作原理

牵引力要素主要依靠诱导和激励的方式作用于信用体系，按照作用形式可以分为政策导向要素和利益导向要素。按照牵引力的来源可以将其划分为行业需求、企业需求和政府需求三类，对应的牵引力要素主要包括装备生产行业的发展前景、市场交易成本降低和市场交易风险的降低、减轻政府负担等，下面依次对其工作原理进行分析。

1. 行业需求——装备生产行业的发展前景

随着科学技术的不断进步和综合国力的不断提升，我国需要在国际上提升影响力、获得话语权，因此对于装备的需求也随之增加。装备生产行业需求的增长带动了装备行业科学技术的发展，为装备生产行业的发展提供了广阔的空间。在此背景下，鉴于信用对于扩大行业的市场规模和保证行业健康发展具有重要的意义，装备生产行业整体必然会产生规范行业秩序、提升行业信用水平的需求。虽然我国已制定一般性的法律来保证市场交易的公平合理，但是市场主体的"有限理性"和多变的交易环境，使得这些法律在针对性地改善装备生产行业信用状况时难以发挥理想的作用。因此，亟须一个长期稳定且有效的信用体系来提升整个装备生产行业的信用状况，来保证行业未来的发展前景。行业的需求形成的牵引力既明确了信用体系的发展方向——提升行业信用状况，又赋予了信用体系发展的动力——行业发展的美好愿景，在保证信用体系正常运转的同时也推进了信用体系的持续更新。

2. 企业需求——市场交易的成本和风险的降低

信息经济学中明确了市场经济中信息的不对称是客观存在的这一事实，在装备生产行业中，行业的高门槛和保密性，在一定程度上加大了买方了解交易信息的难度，使得信息不对称的问题更加突出。买方为了了解所需购买的装备就需要付出更多的资源，因而信息不对称会引发市场交易成本上升，降低买方购买装备的意愿，从而影响整个装备市场中买方的购买决策。因此，为了合理高效地利用有限的国防费，我们就必须建立信用体系来充分了解和认识各个企业的信用状况，在改善企业信用状况的同时，降低装备市场的交易成本。

在市场无法保证交易者信用情况时，会提高市场中的交易风险，这也是信息不对称造成的。信息不对称造成装备的购买方无法了解卖方提供的产品，不能确定产品是否能够符合自己的需求，于是购买方在购买时就会存在较大的交易风险。交易风险会在一定程度上影响购买方的抉择，购买方甚至可能会为了规避风险而放弃购买。降低装备购买方的购买欲望，必然会阻碍装备行业的长远发展。反之，降低市场交易风险会为行业赢得更好的发展机遇。

根据上述分析不难得出，企业对于信用体系长期有效的运转和更新有着较大的需求，装备生产企业为了获得更多的交易机会就需要提升行业的信用水平，这一需求形成的牵引力会促使信用体系以降低市场交易风险和交易成本为方向保持自身高效运转，为装备市场中的交易营造更为良好的环境。

3. 政府需求——减轻政府负担

我国近年来正在为克服官僚主义、提高政府的工作效率而开展政府工作机构的精减工作，如何规范市场中的交易行为，保证各项交易公平、有序开展的同时减轻政府的负担，是在改善装备生产企业信用状况时必须考虑的问题。装备生产企业信用体系充分利用社会中信用管理相关资源，不过多占用政府资源，大幅减轻了政府的负担。因此，从政府精减机构的需求角度来看，政府对于装备生产企业信用体系的正常运转也会呈现出支持的态度。

此外，信用体系能够比政府更加专业和有效地改善装备生产企业的信用水平，而单纯的政府机构却无法实现这一目标，因此为了真正有效地提升装备生产行业的信用状况，维持信用体系的有效运行是政府必然的选择。在政府需求形成的牵引力之下，装备生产企业信用体系具有更加充足的动力进行正常运行和持续更新。

二、推动力要素作用原理

推动力要素是因外部环境的变化而对信用体系造成的推动作用，因此在分析推动力要素作用原理时，根据外部环境变动可以将其划分为信用管理相关理念的进步、信用管理技术的发展、法律法规的完善三个方面。

1. 信用管理相关理念的进步

随着我国市场经济体制的不断完善和发展，社会对于市场经济中的信用管理越来越关注，尤其是在美国次贷危机过后，我国的信用管理相关研究呈现出井喷式的发展，人们对信用管理的研究已经从单纯的诚信和道德角度，发展到了以管理学、统计学相关角度来对信用管理进行量化、深入的研究。各国、各企业对于市场交易中企业的信用状况更加重视，如何提升自身的信用水平也提上了日程。在可以预见的将来，企业的信用管理将会是评估企业实力的重要指标。

在我国信用管理相关理念不断进步的环境下，装备生产行业要发展，就必须提升行业的信用水平，强化行业的信用管理，跟随信用管理理念进步的足迹，不断地提升行业的信用管理模式和水平。这就迫使装备生产企业信用体系要持续有效地发挥作用，并随时关注信用管理领域的前沿研究成果，不断更新信用管理的理念，使得信用体系保持先进性。

2. 信用管理技术的发展

在信用管理理念进步的同时，信用管理技术也随之发展。从信用评级角度来看，信用评级技术已经从传统的要素分析法、综合分析法，发展为以资本市场理论和信息科学为支撑的新方法、衍生工具信用风险的衡量方法和信用集中风险的评估系统分析法等各种以先进的手段和方法来进行信用评级，使得信用评级的结果更加贴近企业实际的信用水平。信用管理技术的发展将会推动信用体系更新使用的技术更新，不断完善信用体系的相关功能，让信用体系能够采用如大数据、区块链、云计算等信息化的手段和方法来提升信用管理的水平。

3. 法律法规的完善

法律法规作为强制性的手段，能够有效地针对损害装备行业利益的行为进行惩罚。国际上部分国家已有信用立法的成功经验，有力地证明了法律法规对于信用体系的发展有着重要影响。一方面，完善的法律法规能够为信用体系的运行提供良好的法律环境，减少信用体系在运行过程中受到的阻力。另一方面，完善的法律法规能够为信用体系的合理运行提供法理基础，能够为信用体系的合法行为进行有效的背书，让信用体系在开展工作时能够更具有权威性，对失信行为进行的惩戒更具有法律的强制性，以此来强化信用体系运行的效果。

三、约束力要素工作原理

约束力是外部环境来促进信用体系自我维护的要素，是维持信用体系作为一个有机联系的整体的重要因素。在研究约束力要素的工作原理时，我们选取较为典型的法律法规、社会监督、道德准则三种要素进行研究。

1. 法律法规的约束

在上文中，法律法规的完善能够作为信用体系的推动力要素，这是法律法规对信用体系正向的影响。当信用体系在运行过程中出现了寻租等相关问题时，法律法规也将对信用体系的这些问题进行整治，防止因信用体系自身的问题使装备生产行业受到损失。

完善的法律法规对于信用体系的工作任务、范围进行了明确的规定，通过法律法规的形式规定了信用体系运行的底线，这对于预防信用体系在运行过程中可能出现的问题有着重要的意义。在法律法规的约束下，信用体系能够及时察觉运行过程中存在的问题，并在法律法规的帮助下，运用法律的手段和方法迅速、合理地处理相关问题，有效实现了自我维护。

2. 社会监督的约束

信用体系作为针对装备生产企业进行信用管理的组织，从社会这一第三者的角度获得对体系运行状态的评价对于保持信用体系的有效性、公平性具有重要的意义。收集、整理、分析社会监督提供的宝贵建议，能够帮助信用体系更加清醒地认识自身存在的问题，通过对问题的整改，能够不断对自身进行长期有效的维护。社会监督将会对信用体系及其相关工作人员开展的工作进行随机审查，该监督带来的约束力对于规范信用体系的运行和保证工作人员的履职尽责有着重要的作用。社会舆论作为社会监督的重要组成部分，能够运用更加专业和严格的方式来对信用体系的运行进行监督，敦促信用体系按照既定的目标严谨地开展工作。

3. 道德准则

一般而言，道德准则是规范法人开展各项活动的重要因素。法人在进行符合道德准则的活动时，通常更加顺利；法人在进行不道德的活动时，通常效率较低。这是因为人们从内心是抗拒从事违反道德准则的活动的，在人们开展不道德的行为活动时，道德准则会发挥作用，从心理上对其行为进行约束。同样的，在信用体系的运行过程中，道德准则不仅能够影响信用体系中工作人员的行为，还能从整个组织层面对信用体系的行为进行约束。为了不违反社会的道德准则，信用体系必须公平、合理地对企业的信用状况进行评价和公布，不得进行任何寻租行为影响信用体系的有效性。因为道德准则受到社会风俗和国家历史文化的影响，所以其形成的约束力相比一般的约束力要素更加稳定，也更加难以被改变和被人为地引导。

四、三种要素相互作用工作原理

体系运行动力机制中的牵引力、推动力和约束力三个要素虽然从不同的角度对信用体系进行作用，对信用体系造成的影响也不同，但是这三个要素并不是相互孤立的，它们为信用体系的运行、维护和更新提供动力时是相互联系、相互协作、相互影响的。要素之间的互动，在一定程度上强化了要素单独作用时产生的效果，在合理的制度设计和安排下，要素之间的作用能产生乘数效应，达到"1＋1＞2"的效果。因此，在体系运行动力机制发挥作用时，要对三种要素进行合理的安排，让三者相互协调作用达到最优的效果。

在安排三种要素时，需要充分考虑各个要素的特点和优缺点，针对不同的特点来进行相应的安排。牵引力能够充分调动信用体系的主观能动性，并且对于信用体系的发展方向具有很好的把控作用，因此在三力协同时要充分利用牵引力的导向性，合理地控制信用体系运行和发展的走向。要利用推动力对于信用体系运行和更新的强力影响，促进信用体系不断调整、优化。合理地运用约束力以保证信用体系维系成为一个有机的整体，当信用体系的运转出现问题时，及时地进行维护。

在三种要素进行协同作用时，也必须考虑到不同要素之间是否会相互干扰，从而影响其他要素的作用效果。以牵引力、推动力和约束力之间相互协调作用时的方向问题为例，在利用牵引力和推动力两者时，需要预先考虑牵引力与推动力在信用体系运行发展的方向上是否一致，还要考虑牵引力与推动力相互作用形成的合力方向是否在约束力规定的范围之内，只有满足这两个条件才能使得三要素在共同作用下的方向不存在问题，让三要素之间形成的合力不会因为信用体系发展方向的原因而形成内部消耗。要根据实际情况对体系运行动力机制要素进行统筹规划，尽可能将参与动力机制的要素进行科学的整合，在充分发挥各要素特点的同时让所有要素作用于同一方向。

在进行要素统筹的过程中，要素之间有时会存在不可调和的矛盾，此时就需要根据实际情况来决定要素统筹的侧重点，根据体系运行动力机制的目标进行取舍，在此基础上对于三种要素进行平衡，最终得到最接近于目标的统筹方案。

| 第 八 章 |

装备生产企业信用促成维护机制

装备生产企业信用促成维护机制是促成和维护装备生产企业在生产和交易过程中的信用行为、提高装备生产企业信用状况的重要途径，是信用体系通过奖惩的方式来降低守信成本、提高失信成本并影响企业在交易过程中信用决策的关键手段。[59]本章对信用促成维护机制的构成进行介绍，并分别对失信惩戒机制和守信激励机制进行详细的说明。

第一节　信用促成维护机制的构成

信用促成维护机制主要由失信惩戒机制和守信激励机制两部分构成，，两者是保证信用促成维护机制发挥功能的主要抓手，既存在差异又相互联系。下面分别对两者进行说明，并明确其联系和差异。

一、失信惩戒机制

失信惩戒机制是根据企业失信行为造成的影响，针对企业失信行为进行惩罚的机制。[60]失信惩戒机制建立的理论基础是对企业和部队两者进行的博弈分析。上文中我们可以看出有效改变企业失信、守信决策的关键因素是失信成本。因此，要促成企业的信用行为，维护信用体系的有效性，必须要提升企业失信行为的成本。在高额的失信成本面前，企业作为理性经济人就必然会选择守信来履行合同。

失信惩戒机制通过两种途径来实现促成和维护企业信用，分别为减轻失信带来的损失和预防企业失信。失信惩戒机制通过这两种途径，从不同的角度来实现对企业信用的管理。[61]

减轻失信带来的损失是在企业失信的行为发生后，为了保证装备行业市场的稳定，维护市场的交易秩序的机制，通过法律的形式强制性地要求失信企业对装备购买方受到的损失进行赔偿，以保证买方在交易过程中本应拥有的基本利益的措施。[62]该途径的优点在于能够在惩罚企业失信行为的同时对受到损失的买方进行补偿，让买方取得应得的部分利益，实现一举两得。其缺点在于，虽然能够在物质上对装备购买者进行补偿，但是无法弥补因企业失信导致标的物交付延期带来的损失。因此，该途径只能在一定程度上减轻失信带来的损失，无法实现完全弥补因企业失信带来的全部损失，使得其在信用促成维护上的功能较为有限。

预防企业失信主要是指通过明示失信惩戒相关规则的形式来对企业进行警示，在企业决策阶段对其进行影响从而起到预防企业失信的作用。该途径主要利用法规的警示性功能，对企业的交易决策进行影响，具体表现为在法律法规中明确规定企业失信的行为定义，并对企业失信行为发生后将会受到的处罚在信用信息平台进行公示。在此环境下，企业在交易过程中面对是否失信的抉择时，必须要充分考虑失信将受到的处罚能否被其所带来的利益弥补，以及处罚带来的企业名誉上的损失是否将会对企业的经营管理造成不可弥补的影响。通过设置合理的失信惩戒规则，能够确定合理的企业失信成本，让企业自发地秉持诚信的原则进行交易。该途径虽然没有直接干预企业的失信行为，但却能够利用法规的警示功能起到预防企业失信行为发生的作用。

总体而言，失信惩戒机制通过惩罚的形式，来对企业进行威慑，让企业明确失信对自身利益带来的损失。当企业从理性经济人的角度出发发现失信并不能为自己带来利益时，便会在交易中秉持着诚信的原则来获取利益最大化。

二、守信激励机制

守信激励机制是对企业遵守诚信原则开展交易活动进行鼓励的机制。从博弈论的角度来看，守信激励机制是通过提升遵守信用企业获得的收益，来激励企业采取诚信的行为。[63]在现有的社会环境中，诚信作为一个基本的道德准则，企业守信被视为理所应当，因此没有人对企业的守信行为制定相关奖励政策来激励守信的行为。这就造成了企业失信为自身带来的利益大大高于企业守信的收益，从理性的角度出发，虽然失信行为不符合社会公德，但是企业在追逐利益最大化的本质下有充足的动力采取失信行为来攫取利益。由此可知，为了鼓励企业在交易时能够保持诚信，就需要对守信的企业给予一定的奖励。

守信激励机制不仅仅通过给予守信企业利益的方式，直接提升守信企业的收益，还以这些获得利益的守信企业为典型，吸引更多的企业为获得奖励而采取诚信的态度进行装备的交易。[64]守信激励机制能够在较长的时期内，引导装备生产企业逐步提升信用水平，为整个装备生产行业营造一个良好的信用文化，将诚信交易这一要求潜移默化地印入每个企业的企业文化之中。

　　守信激励机制在设计时，需要客观合理地明确守信行为的定义、明确守信企业获得奖励的形式和程度。[65]明确守信行为的定义，能够让企业清楚地认识到哪些是守信行为，哪些不是守信行为，为企业提升信用水平提供了明确的方向，也为信用促成维护机制的实际运行提供了清晰的标准和客观的依据。明确守信企业获得奖励的形式和内容是守信激励机制设计中最重要的一个环节，奖励的形式和内容决定了守信激励机制的有效性，即企业是否会被奖励吸引从而依照我们规定的守信的定义在装备生产交易中保持诚信。鉴于此，守信激励机制提供的奖励不能够过低，这样会使得守信激励机制无法达到预定的目的；同时，守信激励机制提供的奖励也不能过高，这会提高信用体系整体的运行成本。在设计守信激励机制时，必须综合考虑行业环境、企业实力、社会环境以及机制运行所需的成本，合理地设计相关制度，力争在机制有效的前提下尽可能地降低机制运行的成本，保证守信激励机制的顺利运行。

　　总体而言，守信激励机制通过利益的引导，以守信企业的示范效应来鼓励更多的企业诚信交易，表明了信用体系对于企业守信行为的肯定和支持，对装备生产企业信用体系而言具有举足轻重的意义。

三、两者的联系和差异

　　失信惩戒机制和守信激励机制是信用促成维护机制的重要组成部分，两者都能够有效地促成企业信用行为，并维护企业的信用水平。[65]两个机制对企业进行信用促成维护时采取的方式不一样，但都是以提升企业信用水平为目标，且得到的最终效果相似。

　　失信惩戒机制和守信激励机制两者发挥作用的原理是一样的，都是基于前文对于企业和购买方两者进行的博弈。在博弈的过程中，根据式（4.3）中企业守信的概率 $q^* = \dfrac{Q+C}{i+Q}$ 可知，因为 Q，

i 是不变的，所以只有当失信成本 C 变动时，才能有效影响企业守信的决策。失信惩戒机制和守信激励机制中，前者是直接提高失信成本 C，而后者则是提高了守信收益 R。前者直接提高失信成本，能有效地影响企业的守信概率。对于后者提高守信收益而言，前文分析出 $R \geq r - C$，也就是守信收益 R 大于失信收益 r 减去失信成本时，企业会采取守信的策略。守信激励机制相当于提升了守信收益 R，在失信收益 r 与失信成本 C 不变动的时候，守信收益 R 不仅会大于失信收益 r 与失信成本 C 之差 $r - C$，且随着守信收益 R 的继续增大，两者的差距也会变得更大，使得企业更加趋向于守信的策略。从经济学的角度来看，提升了企业的守信收益，相当于增加了企业失信的机会成本。因此，可以了解到两个机制运行都是基于买方和卖方两者之间的博弈分析得来的，两者只是在如何利用该博弈分析时采取了不同的角度。

两种机制都是通过制定合理的法律法规的形式，来将各类奖惩制度进行规范，这样能够让机制运行过程中有法可依。因此，失信惩戒机制和守信激励机制在运行时，都具备一定的强制性。

从对企业失信和守信行为的作用来看，失信惩戒机制是通过惩处这种逆向遏制的方式来提升企业的信用水平，而守信激励机制是通过正向鼓励的方式来提升企业的信用水平，两者在提升企业信用水平的方式上有一定的差异，但却在提升企业的信用水平上殊途同归。

第二节　失信惩戒机制建设

失信惩戒机制的设计主要从提升企业失信成本的角度出发，针对企业失信行为提出了相应的惩罚措施，使企业在博弈过程中的理性最优选择为诚信交易。在失信惩戒机制的建设上，我们需要关注明确惩戒事项、建立失信实体目录、建立限期修复失信机制这三个较为重要的方面。

一、明确惩戒事项

正如法律上在明确一项罪名应受到的惩罚之前必须先要对该罪名进行界定一般，在制定失信惩戒机制时，首先就要明确惩戒的事项，即明确失信惩戒机制是针对哪些行为的。这不仅仅是制定规章制度时必要的步骤，更是为信用体系工作人员开展具体失信惩戒措施的有力的依据。在明确惩戒事项的前提下，才能根据各个不同的失信行为特点，制定具有针对性的惩戒内容和方法。让信用体系的工作人员能够依照制定的规章制度，对企业失信行为进行合理、合法的处理，这对于规范信用体系自身也具有十分重要的意义。[66] 此外，明确相关惩戒事项，能够让社会更加了解装备生产企业信用管理的相关规则，在一定程度上能够为信用体系的社会监督提供更加坚实的基础。

在某种意义上，明确惩戒事项是对装备生产企业信用体系工作目标进行更加细致的划分，能够让信用体系和相关工作人员了解在具体事件上体系如何发展和努力。清晰的惩戒事项能够帮助企业和信用体系减少信用管理的工作量，提升信用体系的运转效率，让双方将注意力都聚焦于提升行业信用水平上。

在明确惩戒事项时，要对已经发生的企业失信事件进行全面的了解和认识，根据失信事件的原因和特点进行归纳总结，对企业的失信行为进行分类，针对不同的失信行为进行严格的定义说明。在此基础上，根据不同的失信行为以及其带来的危害，再制定具有针对性的惩戒事项。在明确惩戒事项的整个过程中，要注意规章制度的严谨性与合理性。在确定失信惩罚的措施时，需要研究失信行为的危害和市场经济的发展情况，以设定合理的企业失信成本。在初步明确惩戒事项后，需要向装备生产领域和企业管理领域的相关专家咨询，论证惩戒事项是否合理，有哪些可以改进的方面，而后再形成明文规定。

明确惩戒事项后，将相关文件或资料编纂成册通过各信用信息平台实体机构和网络媒体多渠道、多维度地向社会公示，并组织多次的宣传，让装备生产企业快速了解惩戒事项，为相关企业更好地解释相关规定，这样才能让失信惩戒机制真正地发挥作用，加快推进失信惩戒机制的建设，加速装备生产企业信用体系的不断完善和更新。明确了惩戒事项，也就明确了企业市场交易中信用的底线，充分发挥信用体系的底线思维，使信用体系在给予企业充分自由的同时改善企业的信用水平。

二、建立失信实体目录

失信实体目录，又称为失信企业黑名单，是将已有严重失信行为的企业进行统计并列出目录，对该类企业进行一定程度的惩罚的清单。[67]该清单有助于帮助买方识别装备生产企业的信用状况，并能在进行装备购买选择时给予买方初步的购买建议。

失信实体目录是失信惩戒机制中较为重要的一项措施，它通过自身的权威来对企业的信用状况进行强力的背书，这一举措能够大幅度放大声誉机制的作用效果。在没有失信实体目录的环境下，由于信息的不对称性和声誉机制的滞后性，企业的失信行为引起的自身声誉的损害较小，声誉机制发挥的作用有限。在引入失信实体目录后，声誉机制能够更快速、更有效地发挥自身的作用，让企业失信行为造成更大的自身声誉损失，大幅提升了企业失信的成本。下面从更新周期、进入目录规则、实体目录企业限制和离开目录规则对实体目录进行规定。

1. 更新周期

失信实体目录为了保持时效性，规定其更新周期为一年，每年年末与信用体系中信用平台的企业信用信息同时发布。当年有企业发生重大且影响广泛的失信行为时，可以临时对目录进行补充和发布。

2. 进入目录规则

失信实体目录是收集失信严重企业的名单，因此为了保证目录的正确性，规定了如下进入目录的规则。

一是五年之内有三年信用评级等于或低于"CCC"等级的企业，或连续两年信用评级等于或低于"CCC"等级的企业，或当年信用评级得分为"D"的企业。

二是当年发生了影响较为恶劣的失信行为造成部队损失大于等于10万元，或对国防建设造成重大恶劣影响的企业。

三是上一年度进入失信实体目录，但是失信原因和影响并未消除的企业。

四是在信用中国、银行、证监会等相关权威机构有严重失信记录的企业。

五是其他证据表明具有重大信用风险的企业。

3. 实体目录企业限制

对于进入失信实体目录的企业，我们需要对其经营和运行实行一定程度的限制。这些限制一方面能够有效防止失信企业继续造成危害，另一方面能够迫使失信企业改善自身的信用状况。对于实体目录企业的限制主要如下。

一是进入实体目录的企业必须在一年内履行对失信造成的买方损失进行赔偿的义务。

二是进入实体目录的企业不允许参与进入目录当年的所有招投标活动。

三是进入实体目录的企业必须在三年内消除失信风险的来源，否则将失去装备科研生产许可证，在失去证明后满三年且失信风险消除后方可重新申请。

四是进入实体目录的企业的高管在信用中国、银行等相关机构的个人信用评级进行相应的调低，具体调整程度按照各机构掌握的情况进行合理的设定，但不可继续维持企业失信前的信用水平。

五是其他阻止企业继续进行失信活动造成可能损失的限制。

4. 离开目录规则

在企业改善了自身的信用状况，并消除了进入失信实体目录的原因后，就能够离开失信实体目录，继续正常的装备交易活动。离开目录的规则主要如下。

一是因失信行为造成恶劣影响而进入实体目录的失信企业，失信行为及其影响消除的。

二是因信用评分等级低而进入失信实体目录的企业，进入后连续两年信用评级高于"CCC"的。

三是因其他机构信用评级过低而进入失信实体目录的企业，其他机构信用评级恢复正常水平的。

四是因其他原因进入失信实体目录的企业，原因消除后可离开目录。

失信实体目录将在全军装备采购信息网首页右上方的"网站公告"栏目中挂出，在对企业进行信息查询时会突出注明该企业处于失信实体目录中，以提醒装备购买方该企业信用水平极低的实情。

三、建立限期修复失信机制

失信惩戒机制中对失信企业进行相应的惩罚只是一种手段，其最终目标是提升企业的信用水平，为了通过惩罚措施改善企业的信用状况，必须建立限期修复失信机制，敦促失信企业在一定的期间内消除失信的原因。

限期修复失信机制对于失信企业造成的影响主要体现在限期和修复两个方面。限期是指企业必须在限定的期间完成恢复信用水平的任务，因为企业越早恢复信用水平，就越能降低企业交易活动中可能出现的失信风险。[68]在合理的期限内恢复信用水平不仅能够提升信用体系的效率，更能让企业自身更快地解决信用隐患，为企业营造健康的运行环境打下良好的基础。修复是指失信企业不仅要接受信用体系作出的惩罚，而且还需要对引发企业失信的原因进行排查，对发现的问题进行及时的处理，从根源上解决失信的问题。

对于信用评级结果较低且还未进入失信实体目录的企业，若希望提升本年度信用评级结果的，可以在信用评级结果发布后半年内，向信用体系申请再次对其进行信用评级，并将评级结果进行更新。这一措施能够调动企业的积极性，给在短期内对于自身信用等级不满意的企业提升评级结果的机会，让企业能够更快地对自身的信用水平进行修复。

在制定限期修复失信机制的过程中，必须要充分考虑某些企业在失信后的短期内利用该机制恢复失信，以良好的信用形象再次通过失信行为取得超额收益的行为发生的可能。因此，需要对于限期修复失信的企业进行详细的审查，确认其失信的问题已完全消除，且在短期内的信用风险较低。此外，还需要针对企业失信修复后短期内再次失信的行为，制定更加严厉的惩罚，包括进入失信实体目录或直接取消其装备生产许可证等措施。

对于严格按照信用体系的要求，在极短的期限内完成失信修复工作的企业，信用体系应该及时更新其信用记录，将其遵照信用体系的要求成功进行整改的情况记录备案，并在信用信息发布平台对该企业及时整改进行公示和鼓励。通过企业的示范效应，引导更多已经失信的企业积极改善自身信用状况，加强企业自身的信用管理。

失信惩戒机制建设除了上述三个重要的部分外，还有很多其他方面需要建设和完善，鉴于篇幅有限只选取了明确惩戒事项、建立失信实体目录和建立限期修复失信机制三个最为重要的部分，其余部分不再赘述。

第三节　守信激励机制建设

如前文所述，守信激励机制是对市场交易中遵守信用的、信用状况优秀的企业进行激励的机制。该机制设计的关键在于如何确定合理的守信收益，做到既能够吸引企业采取守信策略，又能够有效地控制机制运行带来的成本。

一、加强守信企业甄别

与失信惩戒机制相同，在建设守信激励机制时，需要加强对企业的守信行为的甄别。这是区分企业是否遵守信用且各项信用状况良好的重要指标，也是把握一个企业是否为守信企业的关键。为了让守信激励机制能够高效率地运行，必须对守信企业进行细致的甄别。

对守信企业进行甄别，即科学地判断企业是否能够受到守信激励机制的奖励，主要取决于企业的历年信用评级状况和企业预计的失信风险水平两个因素。

企业历年信用评级状况相关证明是由信用体系的信用评级工作提供的，该信用评级结果是具有强说服力的企业信用水平证明，能够客观、公正地反映企业的信用水平的变动情况，适合作为企业长期信用状况的有力证明。甄别企业是否守信，必须以其长期的信用记录为依据，充分考察其信用水平的发展历程和波动情况，这样才能对企业的信用状况、信用文化、交易习惯等相关信用信息有一个全面且正确的认识。在对企业进行长期的观察和研究时，只有企业的信用水平长期保持相对稳定，且处于较高的信用水平，该企业才有可能成为典型守信企业，受到对应的奖励。

在对守信企业进行甄别时，需要对企业潜在的失信风险进行评估。这是为了保证企业未来进行交易时，极低概率或不可能出现失信的事件。关于如何利用企业现阶段的信用信息和营业状况来预估企业未来的失信风险，会在下一章节"装备生产企业信用风险管理机制"中详细说明，此处不再赘述。对企业未来的失信风险进行预估是与了解企业历年信用评级状况这一措施相对应的，两者分别代表了了解企业过去的信用状况和估计企业未来的信用状况。从应用角度而言，了解企业未来的信用状况比了解企业过去的信用状况更具有意义，因为它能够让我们大致了解企业未来的信用水平发展趋势，从而为买方购买时的决策提供可靠的依据。

加强守信企业的甄别是企业守信激励机制建设的基础，具有举足轻重的地位，为后续的守信激励机制相关内容的制定提供了思路，为守信企业设计针对性的激励制度明确了方向。对于企业而言，合理的守信企业甄别方法，能够提高受到奖励的相对价值，对于提升企业形象、营造良好的企业文化具有重要意义。

二、明确守信激励内容

明确守信激励内容，就是明确对守信企业如何进行激励，提供何种奖励，从博弈论的角度来看，就是决定企业守信收益。在明确守信激励内容时，必须综合衡量社会环境、行业发展环境、市场经济状况等因素，选择最适合的守信激励内容。[69]守信激励内容的价值不能过高，因为过高的守信激励内容虽然能够利用示范效应吸引各企业提升自身的信用水平，但会使得信用体系整体的运行成本过高，所以为了控制体系运行的成本就不能设定较高的激励内容；守信激励内容的价值也不能过低，过低的守信激励内容虽然减轻了信用体系运行的负担，却无法对企业产生激励的效果，不能充分调动企业的积极性，使得整个守信激励机制无法发挥预期的效果。

守信激励机制在微观上直接作用于守信企业，对企业在相当长的一段时间内的守信行为进行奖励。该机制能够对企业因守信而丧失的失信机会成本进行一定程度的补偿，使企业受到资金利益和声誉利益的驱动，在未来的交易中继续保持较高的信用水平。在宏观上，守信激励机制间接作用于整个装备生产行业，合理的守信激励机制能够为守信企业带来可观的守信收益，各企业为了获得更多的利益都会更加关注企业的信用管理，注重提升企业的信用水平，从而推动了整个装备行业信用水平的上升。

通过上述分析，可以认识到明确激励内容是守信激励机制建设的关键内容，根据现行我国市场经济的情况，明确其内容具体如下。

一是守信企业参加招投标时，对该企业的信用状况进行特别说明，并且其具有优先选择的权利。

二是守信企业在进行贷款等活动时，信用体系能够出具其在装备生产行业信用记录优秀的情况说明。

三是对守信企业在开展装备生产活动时，能够获得一定程度的税收优惠。

四是守信企业拥有优先获得企业政策优惠的权利。

五是在信用体系中的信用信息发布平台对企业守信事迹进行公示和说明，并组织相关企业高管学习守信企业的优秀信用管理经验。

六是其他相关企业激励的内容。

在明确守信激励内容时，需要考虑各方面的情况，来确定守信激励内容在此时点的相对价值，准确地确定信用体系执行守信激励内容所需承担的成本。要充分利用信用体系中的信用信息平台，通过平台中"政策法规"栏目对守信激励相关细则进行公示，并在"采购公告"栏目中对守信企业的相关事迹进行表扬和宣传，充分发挥企业的示范性作用，让更多的装备生产企业了解守信企业的相关事迹和获得的奖励，以守信收益为驱动，调动企业的主观能动性，提升企业的信用水平。

三、强化信用文化建设

守信激励机制要发挥作用，就必须要有相配套的市场和社会环境，其中最重要的环境要素就是信用文化。信用文化建设是守信激励机制建设中的关键环节，对于守信激励机制是否能够充分利用声誉机制和示范效应以激励企业在交易过程中遵守信用具有重要的意义。强化信用文化建设不仅仅是守信激励机制建设中的关键部分，也是从根本上提升企业信用水平的重要渠道。强化信用文化建设，需要采取下列措施。

　　一是要做好信用文化的宣传教育活动。信用文化从本质上说是一种人生观和价值观，它的形成是离不开社会环境提供的宣传教育。因此，为了营造良好的装备生产行业信用文化，就要依靠各类媒体对信用文化的含义及其重要性进行大力的宣传。要将信用文化宣传教育融入企业的生产经营活动中，定期地对各企业的员工进行信用文化普及教育，有意识地开展学习信用知识、提高信用意识的相关活动，让信用文化在宣传教育活动中潜移默化地融入行业中的各个主体。这是强化信用文化建设中最重要也是最根本的方法。

　　二是要将信用文化建设融入企业文化建设。随着国际社会上信用管理相关研究的发展，信用文化建设也受到了企业的关注，并逐步融入企业文化建设之中。企业文化是促进企业健康、快速发展的价值观念和行为准则，所以天然包含了与企业长期发展息息相关的信用概念和意识。随着我国经济社会的发展，企业信用文化建设日益成为企业管理的重要抓手，是实现企业凝聚力的重要元素，可以说以信用文化为核心的团建工作已经彻底融入了企业的血脉之中。装备生产企业是该行业中的基本构成要素，要强化行业的信用文化建设，就必须从企业的信用文化建设中着手。从微观上改善每个企业的信用文化生态，才能通过量变引起质变，达到强化行业信用文化建设的目的。企业信用文化要发展，就必须融入企业文化建设中，利用企业文化建设的热潮带动信用文化建设，让信用文化建设成为企业管理的工作重心。

　　三是将信用文化建设纳入社会信用体系建设中。近年来，我国为了完善社会主义市场经济制度，正在努力推进社会信用体系建设。装备生产企业信用体系作为社会信用体系中的一个重要组成部分，其信用文化建设也是社会信用体系的主要工作之一。因此，在开展信用文化建设的过程中，可以有效借助社会信用体系提供的资源，提高信用文化建设的效率，让建设工作的开展更加高效。同时，装备生产行业的信用文化建设工作可以充分借鉴和学习我国社会信用文化建设的宝贵经验，帮助我们在强化信用文化建设的过程中少走弯路。

第九章

装备生产企业信用风险管理机制

装备生产企业信用评级体系能够对企业在当年的信用水平进行准确、合理的评价，但对于即将购买装备、尚在决策中的买方而言，信用评级体系为其购买决策提供建议的能力相对来说比较有限。因为企业的生产经营状况一直处于动态之中，所以评级体系提供的企业信用相关信息必然具有一定的滞后性，且评级体系只能提供企业过往的信用状况，无法对于企业未来的信用状况进行合理的估计。因此，需要针对装备生产企业的信用状况进行风险管理，对企业未来的信用水平开展合理预测，为买方进行购买决策时提供可靠的信息，并指导买方合理应对失信风险。

第一节　装备生产企业信用风险管理机制构成

装备生产企业信用风险管理机制与常规的风险管理机制相类似，都是由风险评估、风险分析和风险应对三个部分构成。[70]在各组成部分的分工内容和工作方法上，与一般风险管理体系具有一定的差异，下面对企业信用风险管理机制的构成部分进行说明。

一、风险识别

风险识别是指在企业失信行为发生之前，信用体系运用各种方法全面、系统地认识企业失信概率以及失信行为将会带来损失的活动。风险识别是信用风险管理机制的重要基础。[71] 只有清楚地认识自身面临的风险，才能做出合理的决策对风险进行处理。对于装备生产企业而言，失信风险识别是对企业在未来的生产经营活动中可能面临的失信事故进行合理的预测。

开展风险识别有两种常用的方法，一种是通过对企业的感性认识和个人历史经验来判断；另一种是通过各类客观的信用资料和失信记录来进行分析、归纳和整理，从中找出企业信用水平的走势和发展规律，并以此为基础对企业未来的失信风险进行评估。[72] 在装备生产企业信用风险识别中，因为信用体系能够提供准确的企业失信记录，所以第二种方法更加客观、公正，在装备生产企业信用风险识别时将采用第二种方法开展工作。在信用风险评估过程中将会充分考虑企业的信用记录、市场环境和企业经营现状，使用神经网络的方法来进行有效的评估。

风险识别是帮助买方有效地了解企业可能存在的失信风险的重要途径，也是防止国防资源遭受损失的重要防火墙。科学设计风险识别机制，并以此为基础准确地识别装备交易中可能存在的失信风险，就能提高国防投资的安全性。风险识别是风险管理的前提，风险识别的准确性决定了风险管理的效果。为保证其准确性，应该在风险评估时对企业和装备生产行业进行全面和系统的调查。在风险识别过程中，必须全面、系统地考察和了解各类失信事故的存在和发生的概率，找出可能造成失信事故的风险因素。在考察时，要充分考虑可能直接或间接导致失信风险的要素。可能造成直接损失的要素，一般能够从企业日常生产经营活动的相关数据中发现。而可能间接导致失信风险的要素，一般是指外界环境和市场环境等要素，我们需要对市场经济的发展和科学技术的进步等相关情况进行详细的分析才能得出。

在充分了解了企业信用的相关情况下，没有一个科学系统的方法来识别企业失信的风险，就无法对风险有一个全面和准确的认识。本书主要利用神经网络的技术来研究已有的企业信息（企业历年信用评级记录、企业失信记录、企业经营信息等），获得对于未来企业信用状况的预测值。该预测值能够有效反映企业在现有条件下进行交易时的信用水平，也反映了企业在此次交易中失信、守信的策略选择的大致方向。预测值能够作为装备购买者进行交易时的重要参考依据，帮助买方科学地作出购买决策。

二、风险分析

风险分析是在风险识别的基础上，针对已识别的失信风险，对风险的来源、风险的成因和风险可能造成的危害进行的分析过程。风险分析是对已识别的风险进行深层次的研究，并为风险管理中的风险应对提供相关信息的重要渠道。风险分析时需要根据风险的特点，进行全面的考察和分析，挖掘企业失信风险的源头及其引发企业失信的方式。

在风险分析中，主要围绕环境风险、市场风险、技术风险、财务风险、人事风险进行分析。其中，环境风险主要是针对企业因外部环境的变动而造成企业失信的风险，主要包括国家政策的变动导致企业失信的风险。例如，国家对于失信行为的惩罚政策放宽松时，企业更加容易采取失信的交易行为；企业开展生产经营活动的外部环境发生变动，如企业所在地区遭遇台风等严重自然灾害，导致企业无法按照合同约定的期限交付产品；社会文化和道德水平发生变动，如社会文化和道德水平降低，使得信用文化缺失，造成企业失信风险高等情况。

市场风险主要是指市场结构发生变动而导致企业失信的风险，主要包括市场竞争强度变动。例如，有具有竞争力的企业进入装备生产领域造成企业经营压力，从而导致企业失信；上下游市场供求关系发生变动，如上下游供应链的成本上升，造成了企业主营业务成本上升，以及企业失信行为的发生，等等。

技术风险是装备生产企业在产品生产技术研发的过程中因意外原因导致研发失败或未能在预定时间取得研发成果，造成企业履行合同成本大幅增加而导致企业失信的风险，造成技术风险的原因主要是主营装备的生产技术工艺发生根本性的改进，使得企业不再具有技术竞争力。例如，产品工艺根本性的改进使得产品成本下降，对企业现有生产线的继续运行造成了威胁，企业需要投入更多的资源更新技术，造成企业当年营业成本大幅增加（固定资产的改扩建一般需要大笔资金投入），进而加大了企业因资金周转困难而造成的失信风险；市场出现具有竞争力的替代技术或产品，这将动摇企业生产的产品在市场中所占的份额，影响企业的主营业务收入，降低了企业的净利润，容易造成企业失信行为的发生。

此外，还有财务风险和人事风险，分别从企业财务状况和企业员工变动两个方面分析企业失信风险的来源和影响。

在对企业的失信风险进行分析时，需要充分考虑企业内外、行业内外的情况，结合企业自身的各项信息，准确地找出造成企业失信风险的原因。要厘清各因素在企业失信风险形成的过程中扮演的角色和发挥的作用，为风险应对找准问题的症结。

三、风险应对

风险应对是指在确定了决策主体的经营活动中存在的失信风险，并分析出风险发生的概率及其影响程度的基础上，根据风险性质和决策主体对风险的承受能力而制定的减轻、规避、转移或者接受风险等的相应防范计划。具体来说，在风险应对阶段，我们需要根据风险识别和风险分析中得出的装备生产企业失信风险的来源和成因，结合装备生产行业的具体情况，对装备的购买方提出应对可能发生企业信用风险的方法。可以看出，风险识别和风险分析都是直接针对企业而言的，从企业的身上寻找存在的信用风险问题，而风险应对则是从购买方的角度出发，根据信用风险的具体情况在购买装备时决定如何进行趋利避害。

在应对风险时，需要深入了解风险识别和风险分析中所得的结论，充分熟悉企业失信的根本原因等相关信息，对企业购买时采用何种策略才能获得最大的收益进行研究。风险应对实质上是购买方在风险介入的条件下，进行合理决策的过程。风险应对在方法选择上需要秉持着购买方利益最大化的初衷，当企业失信风险能够通过一定的措施解决时，风险应对在选择方法时应该尽力寻求解决失信风险的方法，以降低买方在购买装备时承担的企业失信风险。若在企业失信风险过大且继续交易会造成巨大损失的情况下，我们可以考虑取消交易，以规避风险。在制订风险应对方案时，需要从可规避性、可转移性、可缓解性、可接受性四个方面考虑采取哪种应对策略。

1. 可规避性

可规避性是允许企业通过一定的方式，对失信风险进行风险的规避，以避开因企业失信而造成的损失的属性。在面对可规避的失信风险时，在风险应对策略选择上应该侧重于寻找合理的方法规避

165

失信风险来完成对企业失信风险的处理。

2. 可转移性

可转移性是允许企业将存在的失信风险通过一定的方式转嫁于他处，来防止因企业失信而造成损失的属性。对企业失信风险的应对策略展开研究时，需要根据企业失信风险的具体情况，来确定该风险是否具有转移的条件，并论证其转移风险的可操作性。

3. 可缓解性

可缓解性是允许企业将存在的失信风险通过一定的方式进行缓解，降低企业失信风险发生的概率或降低企业失信造成的损失的属性。若企业失信风险具有可缓解性，买方确定要购买产品且无法找到替代产品时，可以主动对企业可能发生的失信行为进行预防和缓解。

4. 可接受性

可接受性是衡量企业失信风险造成的买方损失，买方能否接受的属性。若失信风险处于买方可接受范围，且该企业生产的产品不存在替代品，则买方可以在承受失信风险的条件下，购买所需的装备。在论证企业失信风险的可接受性时，对企业可能造成的损失进行合理的估计是关键所在，只有在准确估计失信行为造成损失的基础上才能做出该失信风险是否具有可接受性的合理判断。此外，失信风险的可接受性不单单是由失信风险本身决定的，买方的承受能力也是判断失信风险是否具有可接受性的重要因素，我们在考察失信风险的可接受性时，需要对两者综合考虑后再得出结果。

第二节　基于神经网络的风险识别机制

在风险识别这一环节中，我们需要对企业是否存在失信风险，以及失信风险的程度进行合理的判断，综观关于风险识别的研究，我们发现神经网络技术在风险识别工作中应用广泛且有效，因此在制定风险识别机制时采用神经网络的研究方法。

一、神经网络概述

神经网络是人工神经网络的简称，是一种模仿生物神经网络（动物的中枢神经系统，特别是大脑）的结构和功能的数学模型或计算模型，用于对函数进行估计。[73]简言之，神经网络是通过模拟人脑的神经网络以期实现类人工智能的机器学习技术。它是一门重要的机器学习技术，是目前最为火热的研究方向——深度学习的基础。[74]

一般典型的神经网络由结构、激励函数和学习规则三个部分构成。

一是结构，它指定了网络中的变量和它们的拓扑关系。

二是激励函数，大部分神经网络模型具有一个短时间的动力学规则，该规则能够规定神经元随着其他神经元的运行结果来改变自己的激励值的方式。

三是学习规则，网络中的权重按照预定的学习规则随时间推进而进行调整，与激励函数会被短时间的动力学规则不同，学习规则一般是长时间的动力学规则。通常在神经网络中，学习规则受到神经元的激励值、监督提供的目标值和当前权重的多重影响。

神经网络包含多种模型，此处采用其中的 BP 神经网络模型进行风险识别。BP 神经网络是 1986 年由以鲁姆哈特和麦克利兰为首的科学家小组提出的，是一种按照误差逆传播算法训练的多层前馈神经网络，是目前应用最广泛的神经网络模型之一。[75]该模型的主要特点是信号正向传递、误差反向传播。因此，在正向传递中，输入信号从输入层经过隐含层逐层地处理直至输出层，每一层神经元的状态只影响下一层神经元的状态。[76]如果输出层得不到期望输出，则转而进行反向传播，根据误差调整网络权值和阈值来利用该方式不断让 BP 神经网络的误差平方和最小，即预测输出不断逼近期望输出。BP 神经网络的拓扑结构如图 9－1 所示。

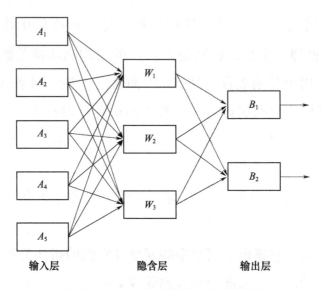

图 9－1　BP 神经网络拓扑结构图

在图 9－1 中，输入层中的 A_1，A_2，…，A_n 是 BP 神经网络的输入值，而输出层是 BP 神经网络输出的对于结果的预测，用 B_m 来表示，在输入层与输出层之间是隐含层，代表 BP 神经网络权值，用 W_i 来表示。可以看出，BP 神经网络类似于非线性函数。在该函数中，自变量是网络的输入值，因变量是输出值。当输入节点数为 n，输出节点数为 m 时，BP 神经网络能够表示为从 n 个自变量到 m 个因变量的函数映射关系。

BP 神经网络在实现其预测功能之前需要对网络进行多次的训练，使得网络形成与装备生产企业信用水平变动规律相契合的拟合非线性函数。运用 BP 神经网络建立模型的步骤主要包括初始化网络、给定学习速率及神经元激励函数、计算隐含层输出、计算输出层输出、计算误差、更新权值、更新阈值、判断算法迭代是否结束（若未结束则返回第二步，若结束则输出）。整个流程如图 9 - 2 所示。

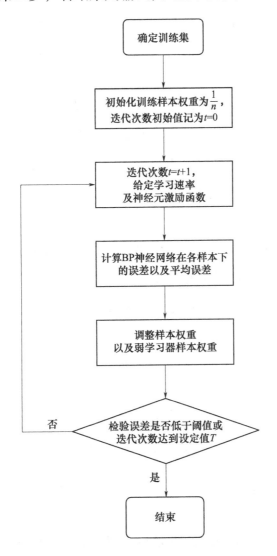

图 9 - 2　BP 神经网络算法流程

二、指标选取

在进行指标选取时，我们参考了信用评级体系中的指标体系，在遵循科学性、客观性、针对性和可操作性原则的基础上，考虑到风险识别的指标体系中的相关要求。

一是风险识别需要收集的是当期企业的信用相关信息。

二是风险识别需要充分利用企业历年信息记录。

三是风险识别需要向信息使用者提供能够量化的风险评估结果等相关问题。

最终确定，在选取指标及其权重时风险评估与信用评价体系所采用指标和权重的相同，但是其数据采集区间由当年度变为上一季度。这是为了保持在评估信用风险时获得的企业信用水平具有相当的时效性作出的改动，因为企业的季度数据是能够获取到的准确的最小周期数据，且企业相关营业安排都是以季度为周期的，企业一个季度的信息能够较好地反映企业在此期间的营业状况。

此外，因为风险识别的重要性和谨慎性，所以针对企业的经营状况和信用行为在风险评估指标设计上进行了一定的补充，具体情况如下。

一是进入失信实体目录的企业不需要开展风险识别，其风险识别分数记为0。

二是将受到守信激励奖励的企业在风险识别报告中特别标注出，向信息使用者告知其信用水平优秀的记录。

三、建立模型

建立神经网络模型的关键是设计神经网络的结构，体现在参数设计上主要包括隐含层个数（网络结构）、输入层节点数目、隐含层节点数目、输出层节点数目等。这些结构上在设计时需要根据模型运行过程中的表现来及时进行调整，下面分别对各个参数进行设计。

1. 隐含层个数（网络结构）

隐含层的设计是对网络结构的复杂程度进行的设计，根据拓扑结构图我们可以知道输入层和输出层之间的隐含层是对数据进行处理的关键环节。一般情况下，隐含层的个数如果增加，能够大幅降低训练结果误差，同时训练得出的数据更加精确，但是这会使得网络训练复杂化，导致网络训练时间过长，提高了训练的实际成本，使算法失去实际意义；而隐含层个数较少时，会使得训练结果误差过大，得出的结果没有意义。因此，在设计隐含层个数时，需要根据风险识别机制的需求折中选择。

从赫克特－尼尔森的研究中可以得知对于一个闭区间内的任何一个连续函数都可以用一个只包含单一隐含层的神经网络以任意的精度来逼近，据此我们可以类推出一个具有三层隐含层的神经网络完成描述任意的从 n 维空间到 m 维空间的映射关系的任务。因此，在兼顾效率和效果的前提下，选择三个隐含层对网络进行训练。

2. 输入层节点数

输入层是进行网络训练的起点，能够对输入网络的信息进行存储。输入层的节点数表示输入变量的维度，因此根据表 6 - 2，可以得出输入层节点有 19 个，分别为节点 1（资产负债率）、节点 2（流动比率）、节点 3（速动比率）、节点 4（现金流量债务比）、节点 5（总资产净利率）、节点 6（营业净利率）、节点 7（应收账款周转率）、节点 8（存货周转率）、节点 9（流动资产周转率）、节点 10（销售收入增长率）、节点 11（主营业务增长率）、节点 12（营业利润增长率）、节点 13（行业环境）、节点 14（产业政策）、节点 15（企业高管素质）、节点 16（企业管理素质）、节点 17（企业员工素质）、节点 18（企业技术装备素质）、节点 19（企业交易行为记录）。

3. 隐含节点数目

隐含节点数目和隐含层个数都是代表着训练数据的中间层的复杂程度，因此在需要考虑 BP 神经网络模型整体的学习时间、容错率的同时，也要考虑到隐含层的个数。根据研究，隐含层层节点数目在选择时是利用下列公式来完成的：

$$n = \sqrt{n_1 + n_2} + a \tag{9.1}$$

式（9.1）中 n 为隐含节点数目，n_1 为输入层节点数目，n_2 为输出层节点数目，a 为 1 到 10 之间的常数。在设计隐含节点数目的过程中，需要利用该公式进行多次的训练测试，不断地调整常数 a，在训练结果的误差达到最小时停止测试，此时求出的 n 的数值就是在此环境下最佳的隐含节点数目。

4. 输出层个数和节点

BP 神经网络的输出层分为两种，一种是单层输出层，这种设计下的神经网络能够输出一个准确的数值，常用于综合评价之中；另一种多输出层的网络主要是用于分类评价。根据风险识别的目标和需求，我们在风险识别上采用单输出层的设计。

输出层的节点数与分类的数量即信用等级的级别是有一定关系的，在设计输出层的节点时，将表 6–14 中的信用等级作为节点，可以得出共有 10 个输出节点，并将信用等级对应的信用评级总分区间作为输出值的连续变量区间。具体情况如表 9–1。

表 9–1　输出节点、信用等级、评分结果对应表

输出节点	1	2	3	4	5	6	7	8	9	10
信用等级	AAA	AA	A	BBB	BB	B	CCC	CC	C	D
评分结果	91~100	86~90	81~85	76~80	71~75	66~70	61~65	56~60	51~55	0~50

四、网络训练

在完成了选取指标及相关 BP 神经网络的相关结构设计后，可以开始对于网络的训练。在训练时需要将进行风险评估的企业的历年信用评价记录划分为训练样本和测试样本，训练样本用来训练神经网络，让其更加逼近企业的信用评分估算的真实结果；而测试样本则是为了验证训练完成的神经网络是否达到了要求，是否能够准确对企业当年的信用评分进行预测。一般而言，训练样本要大于测试样本，是为了提供充足的训练样本让网络的预测结果更加准确，但测试样本也不能过小，过小的测试样本无法验证神经网络的有效性。我们将企业的历年信用记录分为两个部分，训练样本选取其中的70%，测试样本选取其中的30%，这样在保证训练量的同时也兼顾了验证的全面性。鉴于进行网络训练需要上述 19 个指标至少 10 年的数据以及与之对应的信用评级信息，现阶段笔者无法对网络训练的实际操作进行展示，只能在此对其具体的操作步骤进行规定和说明。

在进行训练之前，因为各指标收集的数据对应的量纲不同，所以需要对数据进行归一化处理，有效降低因量纲差异引起的误差。在对网络进行训练时，只有针对训练样本设定相应的期望值，才能为神经网络明确标准学习的方向，从而进行反复的训练。在进行风险识别中，19 个信用评级指标就是训练样本，它们的期望值就是信用评级指标对应的企业信用评级结果。

根据上文中的设计，可以得到一个结构完整的神经网络拓扑图，如图 9-3。

因为输入层和隐含层之间需要权值和阈值来对数据进行处理从而形成净输入，所以图中 w_1、b_1 为连接输入层和隐含层的权值和阈

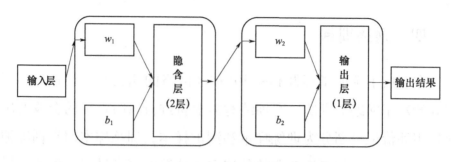

图 9 - 3　BP 神经网络训练结构图

值。同样的，w_2、b_2 为连接输出层和隐含层的权值和阈值，它们构成了输出层的净输入。根据该设计完成的神经网络结构，将数据输入电脑并利用电脑端的神经网络相关程序完成网络的训练得出对于企业的信用等级的评分拟合模型，我们将企业现有的信用信息相关数据输入其中就能够得出对于企业信用水平的预测。

　　在具体操作上，电脑端有多种神经网络的研究工具可以使用，在此以 MATLAB 为例。在软件的神经网络工具箱中输入 19 个指标数据及对应的信用评级数据作为样本数据，此后输入的数据将会随机分为训练样本和测试样本，两者样本数量之比为 7∶3。开始训练后，每进行一次训练，系统会自动将测试样本中的数据代入神经网络进行验证，然后得到一个输出均方误差。系统对输出的均方误差进行判断，主要考察结果是否满足设计的阈值 b_1，b_2。若不满足，则系统会重新开始一次训练。系统在训练次数上设置了一个上限 T，一般默认 $T=6$，这样能够防止系统过度学习。随着训练的增加，如果均方差连续在连续六次训练无法下降，则说明训练的误差已无法进一步缩小。这表示网络训练效果已无法再进行优化，系统将会停止训练，防止出现过度拟合。

　　在训练结束后，需要观察其回归值，因为回归值代表了输出值和目标值之间的拟合程度以及网络输出值和目标输入值之间的总体关系。若拟合程度较高，则表明该模型能够对企业的信用评分进行较为准确的预测；若拟合程度较低，则需要选择其他神经网络模型对其进行拟合，或采用其他方法进行风险评估。在得到良好的预测模型后，将企业当期的生产经营相关数据代入模型，即可得到预测的当期企业信用水平。若企业信用水平低于 BB 级别，则企业具有失信风险；若企业信用水平不低于 BB 级别，则企业的信用状况较为良好，在现阶段状况下能够进行诚信交易。

第三节　风险分析

风险分析是指在风险识别的基础上，针对具有失信风险的企业分析其失信风险的来源、成因以及危害，了解风险、产生的症结、作用方式和对买方带来的损失，能够让我们更加全面地了解企业的失信风险。[77]

一、风险来源

风险来源是风险产生的源头，也是风险分析中的第一个步骤，能够让我们了解造成风险的根源。风险来源的研究，能让我们深层次地认识企业失信风险，为后续对风险成因和风险危害的研究打下坚实的基础。

一般而言，风险来源分为企业内部风险来源和企业外部风险来源两大类。企业内部风险是指风险源自企业的内部环境，主要包括人事变动、财务变动、技术研发进展等。人事变动是指企业的高管离职或任职、非常态裁员或招聘、核心技术开发人员离职或任职等有关企业组织内部人员流动的情况。在分析风险来源是否来源于人事变动时，需要通过考察人力资源部中有关人事变动项目的资料来确定。财务变动是指企业内部相关财务状况发生异常变动，主要从资产、负债和现金流等相关角度进行考量。在验证财务是否变动时，需要检查企业的财务报表，并针对现金、资产等财务指标，向银行等权威机构发函进行求证企业的相关财务状况和相关资产是否有抵押、出质等情况，以此来保证获取信息的准确性。在技术研发进展上，需要随机选取与企业不具有利害关系的专家，向他们求证该企业现阶段技术研发的状况，并结合企业提供的技术研发进展相关资料，了解对于技术研发的投入和产出等企业技术研发的相关状况。

企业外部风险来源是指来源于企业外部环境的因素造成企业可能失信的风险，主要包括了市场需求变化、政府政策变化、上下游行业变动、行业技术革新等。在分析市场需求变化是否会造成企业外部风险时，需要对市场的整体状况进行调查，重点考察市场中企业主营产品的需求是否发生变动，即其销售额和销售数量是否存在较大的波动，并确定该变动是否是造成企业失信风险的源头。要确认政府政策变化是否是风险的源头，虽然我们能够在信用评级中找到相关资料，但是为进一步了解到导致企业风险的政策，还是需要查阅政府发布政策的相关文件进行核实。企业上下游行业的变动具体是指企业生产成品的需求方以及为企业生产产品提供原材料的供应方两者的异常波动，如原材料价格大幅度上涨、原材料供应数量降低、原材料质量变动等，要对异常变动进行溯源分析，了解其是否与企业失信有着必然的联系。对于行业技术革新这一失信来源的确定，要以行业科技的前沿发展为基础，了解行业的生产实践中是否存在技术革新的事实，以及该革新对企业的生产经营会造成何种影响，是否会产生企业的失信风险。

在对具有失信风险的企业进行整体的研究和调查后，能够得到对企业失信风险来源较为全面和准确的分析，充分认识企业风险的源头为正确认识失信风险提供了重要的方向。

二、风险成因

在确定风险来源后，我们需要了解风险的根源是如何作用来造成企业失信风险的，即对风险的形成原因进行深入的分析。风险成因是对企业失信风险进行的动态分析，是在知道失信的根源之后，对根源如何影响企业信用状况展开的分析。[78] 在风险成因分析上，我们根据其作用于企业失信风险的方式将其分为直接影响和间接影响。直接影响是风险来源直接作用于企业而导致企业失信风险的风险成因；间接影响是风险来源通过其他媒介间接作用于企业而导致企业失信风险的风险成因。

直接影响的风险来源是指该风险来源直接影响企业的生产和经营，让企业在进行交易时有更大的动机去作出失信的决策。以财务变动为例，当企业的现金流出现问题时，将会增加企业购买原材料和支付员工的劳动报酬时的经济压力，在经济压力下，企业能够投入装备的生产资金就会减少，此时企业就没有了履行合同的物质基础，使得企业按照合同约定的日期交付标的物的难度上升，提高了企业的失信风险。可以看出，一般具有直接影响的风险会直接对企业的运行产生阻碍，从而使得企业履约的可能性降低。

间接影响的风险来源是指风险来源通过一定的媒介来间接地影响企业的生产经营，使得企业在交易过程中更加倾向于采取失信的交易策略。一般而言，企业外部风险是通过间接的作用来造成企业失信风险的。以政府政策的变动为例，当企业所处的环境中政府政策开始不支持企业的主营业务时，企业需要投入更多的资金和资产到主营业务的生产之中，造成了企业生产成本的上升，企业的履约成本比签订合同时更高，使得企业选择守信的策略时会承担更多的成本，因此企业会更倾向于不再履行合同的策略。间接影响的风险来源一般会先对企业的财务状况或企业的管理造成影响，其后通过受到影响的媒介对企业进行直接的影响，最终形成企业的失信风险。因此，间接影响的风险是先影响能够直接对企业信用造成影响的要素后，再通过该要素对企业的信用状况进行影响。

准确地区分直接影响和间接影响，能够为我们进行风险应对提供有效的思路。在针对信用风险来源进行风险应对时，若成本过高或难以操作，可以通过针对风险来源的作用方式来设计风险应对方案。因此，准确地把握风险成因，才能有效地进行风险应对。

三、风险危害

在了解风险的来源和风险的成因之后，为了对风险造成的损失进行了解，对其可能造成的影响进行全面的认识，必须了解风险危害。针对企业的失信风险进行研究，并对其危害准确地预估，能够在制定风险应对策略时清楚地了解风险对买方将造成何种危害以及危害的程度，合理地衡量风险应对方案实施的成本与风险危害，帮助买方在风险应对中作出合理的决策。

根据风险危害造成的影响能否被直观地观察到，将其分为显性危害和隐性危害。显性危害是指风险对买方造成的危害能够直接观察到，隐性危害是指风险造成的危害无法直接观察到。

一般而言，显性的失信风险危害包括买方资金的损失、军队训练的延迟和军队战术目标无法达成等。装备生产企业失信将会使得企业无法交付合同中约定的标的物，或可以按照合同的约定交付标的物却无法保证交付的时间，又或者企业对于已交付的标的物在质保期内并未提供约定的维修、保养服务等。这些失信行为带来的显性危害，都会为买方特别是部队造成资金上的损失和工作上的不便。在对显性危害进行研究时，我们能够直接通过观察得出结果，因此对于显性危害的研究较为容易，能够对危害的程度和范围进行比较直观的估计，对于风险危害的认识和估计更加精准。

隐性危害是无法直接观察到的、因企业失信风险而带来的、买方可能遭受的危害。隐性危害一般难以直接观察，需要对风险来源和风险成因进行全面深入的研究，厘清风险的根源和作用方式，结合买卖双方的具体情况，对于隐性危害有一个较为准确的估计。一般而言，隐性危害更难以被发现，更容易被忽视，其造成的实际危害比显性危害更大。企业失信风险带来的隐性危害一般包括国防建设的滞后、装备行业发展的滞后等，企业的失信行为虽然能够为企业带来短期的利益，但是从国防建设的长期实践和装备行业的长期发展来看都是极具危害的。企业的失信风险经过长时间作用带来的危害不仅仅是单一的买方的利益受损害，因为当其他企业看到失信企业取得的利益后，也会有充足的利益驱动自身去效仿前者的失信行为。长此以往，装备生产行业的市场秩序将会混乱，市场发展停滞不前，进而造成行业发展缓慢、前景黯淡，国防建设也必定因为装备行业不健康的发展状况而受到影响。

在对风险危害进行分析时，必须要结合风险识别和风险分析等环节收集来的资料，开展全面的、合理的研究。对于企业失信风险的危害要有一个准确的认识，不可夸大或缩小企业失信风险的危害，否则会导致在风险应对方案选择上作出南辕北辙的决策。

第四节　风险应对

在全面掌握企业失信风险的各方面情况的基础上，为了应对购买企业的装备需要承受的失信风险，需要根据失信风险的具体情况，结合买方自身的条件，设计最适合的方案来应对风险及其可能带来的危害。[79]在此处，应对风险的策略可以分为减轻策略、规避策略、转移策略、接受策略四类。各策略可以单独使用，也可以结合使用以达到最优效果，下面针对各个策略的具体措施进行说明。

一、减轻策略

减轻策略是指在接受企业失信风险的前提下，在与企业进行交易的过程中，采取各种方法减轻企业失信风险可能带来的危害。[80]选择减轻策略作为失信风险应对策略有三个重要的前提：一是企业提供的装备是我们必需的，且无法从其他企业获取；二是能够通过各种手段减轻企业失信风险带来的危害；三是采取减轻企业失信风险策略带来的危害大幅度小于企业失信风险带来的危害。

减轻策略是在购买需要"高精尖"的、具有技术优势的装备时采取的策略。企业在技术上的垄断使其成为获取装备的唯一途径，而买方对于该装备具有高度的需求，所以必须在具有信用风险的情况下，承受一部分失信风险来购买该企业的装备。如何在购买该装备的同时，承受最低程度的失信风险可能带来的危害是评判一个减轻策略是否成功的关键。为了达成这一目标，我们需要根据风险分析阶段中对于企业风险危害的分析来确定在没有采取减轻策略的干预下，购买该企业的装备将会承受的失信风险，这将作为采取减轻策略后是否减轻了失信风险及其程度的对照组。在采取了减轻策略后，我们把采取策略后企业将会承受的失信风险与采取减轻策略的成本相加，将前面的对照组与之进行对比，衡量减轻策略最终是否是在控制成本的前提下，有效地降低了企业的失信风险。

两者对比会出现三种情况。若两者之和大于等于对照组，而干预后的失信风险小于对照组，则表明减轻策略能够降低企业失信风险带来的危害，但是减轻策略执行的成本过高，不具备实施的实际意义；若两者之和大于等于对照组，且干预后的失信风险也不小于对照组，则表明减轻策略既不能降低企业失信风险带来的危害，且减轻策略执行成本过高；若两者之和小于对照组，且干预后的失信风险小于对照组，则说明减轻策略能够降低企业失信风险的危害，且策略的执行成本较为合理。

减轻策略在设计上，一般采用与企业和买方情况相符合的策略，在策略作用对象的选择上，可以选择从风险的来源入手，亦可选择从风险的作用过程入手。前者是从减轻失信风险发生的可能性上进行应对，具体的措施一般为加强对装备生产企业履行合同过程的监督，派人员长期进驻企业对其生产活动进行全过程的监控，从源头上降低失信风险发生的概率。后者是从减轻失信风险带来的危害入手，最具代表性的措施包括减少装备购买的数量，采取该措施后即使企业在交易中失信，也能降低买方遭受的损失。在选择上述两种减轻策略时，需要先考虑策略的作用效果、实施策略的成本和可操作性等相关问题，再决定采用哪种减轻策略或是两种策略结合使用。

二、规避策略

规避策略是指改变购买装备的计划来规避因企业失信风险而带来的损害。一般在买方交易过程中满足以下条件时买方采用规避策略更为合理：一是企业提供的装备不是我们必需的；二是其他企业能够提供该装备；三是该装备具有替代品；四是无法降低企业失信风险发生概率或减轻其带来的危害。规避策略可以看作是放弃购买装备的计划，转而通过其他渠道来满足对该装备的需求的策略。

规避策略通常是在购买技术含量较低、市场中替代品较多的装备时采用的策略。在规避策略适用的环境中不存在降低企业失信风险发生概率或其带来的危害的可能，所以减轻策略是无法适用的，需要我们采用其他的方法来处理企业的失信风险。市场中存在该装备的同类产品，或装备不是买方所必需的，因而在对该装备进行购买时拥有更多的选择空间，可以选择不购买该企业的装备或者从其他渠道获取该装备的替代品。通过灵活的购买安排，来从买方的角度规避失信风险，同时又能满足买方对于装备的需求。

规避策略并未对企业失信风险的来源或成因造成影响，该失信风险还是客观存在于企业中，只是买方将应对风险的思维从如何应对该企业的失信风险转变为了是否有必要因装备需求而承担与之伴随的失信风险。

三、转移策略

转移策略是指将失信风险的影响转嫁给第三方，来使自己免于失信风险的危害。一般存在以下情况时能够采用转移策略：一是企业提供的装备是买方必需的，且无法从其他企业获取；二是无法通过各种手段减轻企业失信风险带来的危害；三是采取转移企业失信风险带来危害所需的成本大幅度小于企业失信风险带来的危害。

在转移策略的适用情景中买方对于企业生产的装备具有刚性需求，无法从别处获取该装备或其替代品，因此我们在应对该企业的失信风险时，必须在承受失信风险的框架下思考应对风险的策略。转移策略如规避策略一样，并未对企业的失信风险进行直接的作用，而是通过将失信风险的承受方转移到第三方，让自己不再受到失信风险的危害。较为常用的转移策略是签订担保合同、购买保险、要求企业质押等价物等。以要求企业质押等价物为例，在签订装备购买合同时，签订一个保证装备购买合同如约履行的质押合同，让企业或第三方用与购买的装备等值的等价物来进行质押。在质押合同的约束下，企业有很大的动力去努力完成装备购买合同，若企业无法按照约定期限履行合同，则买方最终可以通过法律的手段取得与购买合同等价的物品来弥补因企业失信带来的损失。

不难看出，转移策略虽然能够有效地转移企业失信带来的危害，让买方不受到经济上的损失，但是从转移策略的实施过程和效果来看，其具有两个方面的弊端：一个是转移策略的实施过程中买方需要为之承担一定的成本，另一个是转移策略最终不能满足买方购买装备的需求。

实现转移策略的过程中，买方需要为其转移策略付出一定的成本，如签订担保合同和签订质押合同之时虽然不需要承担成本，但是在企业失信后要执行担保合同和质押合同时需要通过法律途径来实现，此时就需要支付与诉讼相关的费用；又如购买保险需要提前支付一定的费用，在企业失信风险成为事实后再获得一定数额的补偿，但是若企业的失信风险未成为事实则购买保险的费用就会成为无效的支出。

买方获取转移策略带来的补偿一般为经济形式的补偿，这一补偿虽然能够弥补买方因企业失信而需要承受的经济上的损失，但是还是无法从根本上解决买方获取所需要的装备这一核心问题。因此，转移策略的实施效果较为有限，在实施转移策略之前需要认真考量买方的需求和风险承受能力，再来考量是否采取转移策略以及如何设计转移策略的具体实施方案。

四、接受策略

接受策略是指买方在面对企业失信风险时，采用承担该风险、继续开展购买装备的策略。企业存在以下情况时，可以考虑采用接受策略：一是买方对于企业提供的装备具有刚性需求，且无法从其他企业获取；二是企业的失信风险发生的概率无法降低或其造成的危害无法减少；三是企业的失信风险可以通过保证、抵押、质押等手段进行转移。

接受策略是风险应对中买方对企业生产的装备具有高度的需求，但是其他风险应对策略无法实施时采用的策略。一般概念上的接受策略有消极的接受策略和积极的接受策略两种。

消极的接受策略在实施时，面对企业的失信风险不对其作出任何改变，只是被动地接受企业风险存在这一事实和失信风险发生后产生的危害，可以说消极的接受策略实际上只是买方从主观上忽视企业失信风险存在这一事实的方式。

积极的接受是指在面对企业的失信风险时，虽然无法直接对失信风险及其造成的危害进行减轻、转移或规避，但是可以主动深入考察失信风险的相关情况，并深入研究失信风险实现时对自身造成的影响，针对这些影响提前制定应急预案，并实时监视企业失信风险实现的相关征兆。在失信风险实现的第一时间就按照应急预案开展积极主动的危害应对活动，有效地防止失信风险带来危害的进一步恶化。

在风险应对的接受策略执行中，我们应该采用后者的态度和方式来实施接受策略，充分发挥自身的主观能动性，将处理失信风险的主动权牢牢把握在自己的手中，有计划、有秩序地对失信风险的危害进行应对。对于已成为既定事实的企业失信事故造成的危害，不能听之任之，否则该危害将会不断扩大，从而引发更大的事故。

参考文献

[1] 江苏省高教局《自然辩证法概论》编写组．自然辩证法概论 [M]．南京：江苏人民出版社，1982：180．

[2] 潘旭涛．国际信用评级需要中国声音 [N]．人民日报海外版，2015 – 03 – 19．

[3] 洪玫．资信评级 [M]．北京：中国人民大学出版社，2006．

[4] 伊藤诚，考斯达斯·拉帕维查斯．货币金融政治经济学 [M]．孙刚，戴淑艳，译．北京：经济科学出版社，2001．

[5] 聂辉华．契约理论的起源、发展和分歧 [J]．经济社会体制比较，2017（1）：1 – 13．

[6] 韩晓捷．西方近代社会契约理论研究 [D]．天津：南开大学，2012．

[7] 胡哲．信托关系之合同解释 [D]．上海：华东政法大学，2015．

[8] 温晓俊，刘海建．战略管理研究所应遵循的理论基础：资源基础观与交易成本理论 [J]．中央财经大学学报，2007，08：63 – 67．

[9] 林建成．信用保证的制度设计与交易成本研究 [D]．天津：南开大学，2013．

[10] 刘仁军．交易成本、社会资本与企业网络 [D]．武汉：华中科技大学，2004．

[11] 曹志刚. 企业融资方式选择与外部融资环境 [D]. 上海：华东师范大学，2007.

[12] 朱靖. 信息经济学研究综述 [J]. 情报科学，2015，33（05）：144.

[13] 增田米二. 信息经济学 [M]. 日本：日本产业能源短期大学出版部，1976.

[14] 黄琪. 信息不对称与市场效率的关系研究 [D]. 济南：山东大学，2014.

[15] 左丘明. 左传 [M]. 上海：上海古籍出版社，2016：56–57.

[16] 王凌芳. 企业信息资源利用与竞争力提升的相关研究 [D]. 北京：北京邮电大学，2008.

[17] 魏斌. 我国企业人力资源管理创新问题探究 [D]. 长春：吉林大学，2015.

[18] 秦绪红. 加快推进我国信用文化建设的思考 [J]. 征信，2014，32（02）：72–74.

[19] 王志鹏. 我国个人征信市场体系研究 [D]. 长沙：湖南大学，2017.

[20] 朱美荣. 制造企业核心能力跃迁的动力机制研究 [D]. 哈尔滨：哈尔滨工程大学，2013.

[21] 李春阁. 政府信息公开的动力机制研究 [D]. 长春：吉林大学，2011.

[22] 郑伟霞. 工业产业结构优化动力机制及评判体系研究 [D]. 杭州：浙江工业大学，2013.

[23] 张善云. 守信激励与失信惩戒运行机制研究 [J]. 发展研究，2016，05：95–99.

[24] 卢盛羽. 论守信激励与失信惩戒：基于信用权的视角 [J].

法制与经济，2016，07：35－37．

［25］王权．美国商业银行信贷风险管理研究［D］．长春：吉林大学，2014．

［26］辛静．L集团供应链融资与信用风险管理案例研究［D］．财政部财政科学研究所，2015．

［27］周敏．医药企业信用风险管理研究［D］．北京：对外经济贸易大学，2015．

［28］金盼．薪酬管理公平性对员工工作绩效的实证研究［D］．苏州：苏州大学，2015．

［29］甘楠．涉密项目保密管理方法在军工通信企业中的应用研究［D］．北京：中国科学院大学（工程管理与信息技术学院），2013．

［30］杜晓峰．我国互联网金融征信体系建设研究［D］．厦门：厦门大学，2014．

［31］中国人民银行征信中心与金融研究所联合课题组．互联网信贷、信用风险管理与征信［J］．金融研究，2014，10：133－147．

［32］姜俊琳．大数据时代的征信创新与发展研究［D］．杭州：浙江大学，2016．

［33］张明松．基于因子分析法的商业银行对中小企业信用评级研究［D］．哈尔滨：哈尔滨理工大学，2014．

［34］贾媚．中小企业信用评级指标体系研究［D］．北京：中央民族大学，2013．

［35］汪顿．新媒体的发展趋势及其对价值观的影响［D］．上海：复旦大学，2013．

［36］章向东．我国信用评级质量检验研究［D］．成都：对外经济贸易大学，2015．

［37］刘雷．政府审计维护财政安全的实现路径研究［D］．成都：西南财经大学，2014.

［38］尤玉叶．我国 PPP 模式权力寻租预防机制构建［D］．武汉：武汉大学，2017.

［39］樊志伟．我国政府采购寻租问题研究［D］．济南：山东财经大学，2014.

［40］徐友．大型建筑企业信用构建研究［D］．南京：南京林业大学，2008.

［41］田俊平．我国企业信用评价指标有效性研究［D］．北京：北京化工大学，2005.

［42］赏东东．基于支持向量机的个人信用评估研究［D］．北京：北京化工大学，2017.

［43］黄钰雯．地方政府信用评价体系构建及应用研究［D］．昆明：云南财经大学，2014.

［44］刘影．基于直觉模糊层次分析法的中小企业财务风险分析［D］．邯郸：河北工程大学，2015.

［45］贺书婕．穆迪公司及信用评级制度（上）［J］城市金融论坛，2000，5（8）：46－52

［46］卢亮．关于商业银行对企业信用评级的研究——以中国工商银行为例［D］．南京：东南大学，2007.

［47］黄洪金．层次分析和模糊综合评价方法在公共政策评价中的应用研究［D］．武汉：华中师范大学，2014.

［48］张淑辉．山西省农业科技创新的动力机制研究［D］．北京：北京林业大学，2014.

［49］夏海鹰．学习型社会建设动力机制探究［J］．教育研究，2014，3506：48－52.

［50］刘兴鹏．我国地方政府职能转变的动力机制研究［D］．武汉：武汉大学，2014.

［51］刘坤荣．企业组织结构创新研究［D］．重庆：重庆大学，2008.

［52］张春阳．我国制造业企业技术创新动力机制研究［D］．哈尔滨：哈尔滨工程大学，2008.

［53］王海亮．装备制造业原始创新动力机制研究［D］．秦皇岛：燕山大学，2012.

［54］聂德才．小微旅游企业融资模式研究［D］．哈尔滨：哈尔滨理工大学，2014.

［55］程秀花．资源型城市转型的金融支持研究［D］．哈尔滨：东北林业大学，2006.

［56］何文华．我国竞争性产业整合理论与推动力研究［D］．北京：北京交通大学，2011.

［57］姚子讷．公司章程若干法律制度研究［D］．上海：华东政法大学，2013.

［58］林新生．合同的形式研究［D］．北京：中国社会科学院研究生院，2006.

［59］梁山．中国农户征信体系构建研究［D］．广州：华南理工大学，2013.

［60］王艺．我国大学生信用建设研究［D］．北京：中央财经大学，2018.

［61］陈当澳．基于人民银行征信数据库的企业失信惩戒机制研究［D］．苏州：苏州大学，2015.

［62］陆冠南．经济法视野下的失信惩戒机制研究［D］．重庆：西南政法大学，2017.

［63］范李娟．中小企业诚信管理机制研究［D］．西安：西安科技大学，2006.

［64］张晶然．基于激励理论的工程建设安全生产信息共享机制及信用评价研究［D］．焦作：河南理工大学，2016.

［65］赵丽丽．基于激励理论的监理工程师信用治理研究［D］．天津：天津大学，2016.

［66］顾场．市场主体失信惩戒制度研究［D］．北京：中国地质大学，2018.

［67］连建彬．市场监管视角下的黑名单制度研究［D］．苏州：苏州大学，2016.

［68］张芳．失信被执行人信用监督制度研究［D］．郑州：郑州大学，2016.

［69］彭本红，冯良清．模块化生产网络的信任博弈及声誉激励研究［J］．科技与管理，2011，13（01）：29.

［70］袁琳，张伟华．集团管理控制与财务公司风险管理——基于10家企业集团的多案例分析［J］．会计研究，2015，05：35 - 41 + 94.

［71］陈秀梅，程晗．众筹融资信用风险分析及管理体系构建［J］．财经问题研究，2014，12：47 - 51.

［72］曹玲燕．基于模糊层次分析法的互联网金融风险评估研究［D］．合肥：中国科学技术大学，2014.

［73］常凯．基于神经网络的数据挖掘分类算法比较和分析研究［D］．合肥：安徽大学，2014.

［74］卢金娜．基于优化算法的径向基神经网络模型的改进及应用［D］．太原：中北大学，2015.

［75］任谢楠．基于遗传算法的BP神经网络的优化研究及MATLAB

仿真［D］. 天津：天津师范大学，2014.

［76］谢浩. 基于 BP 神经网络及其优化算法的汽车车速预测［D］.
重庆：重庆大学，2014.

［77］周璐莼. 我国信贷资产证券化风险分析［D］. 北京：首都经
济贸易大学，2015.

［78］张继德，郑丽娜. 集团企业财务风险管理框架探讨［J］. 会
计研究，2012，12：50.

［79］刘旭辉. 互联网金融风险防范和监管问题研究［D］. 北京：
中共中央党校，2015.

［80］肖雅. 基于征信体系的我国互联网金融信用风险防控研究
［D］. 南昌：江西财经大学，2018.